奶源自给率

自给率变化模拟及对资源环境的影响

杨祯妮 著

王加启 程广燕 顾问

中国出版集团
研究出版社

图书在版编目 (CIP) 数据

奶源自给率：自给率变化模拟及对资源环境的影响 / 杨祯妮著. — 北京：研究出版社，2022.7
（农业农村产业振兴发展研究）
ISBN 978–7–5199–1274–1

Ⅰ.①奶… Ⅱ.①杨… Ⅲ.①鲜乳 – 生产效率 – 影响 – 生态环境 – 环境承载力 – 研究 – 中国 Ⅳ.①F426.82

中国版本图书馆CIP数据核字(2022)第128378号

出 品 人：赵卜慧
出版统筹：张高里　丁　波
责任编辑：寇颖丹
助理编辑：何雨格

奶源自给率
NAIYUAN ZIJILÜ
自给率变化模拟及对资源环境的影响

杨祯妮　著

研究出版社 出版发行
（100006　北京市东城区灯市口大街100号华腾商务楼）
北京中科印刷有限公司　新华书店经销
2022年7月第1版　2022年7月第1次印刷
开本：710毫米×1000毫米　1/16　印张：10
字数：92千字
ISBN 978–7–5199–1274–1　定价：45.00元
电话（010）64217519　64217612（发行部）

版权所有•侵权必究
凡购买本社图书，如有印制质量问题，我社负责调换。

前　言

奶类是人民生活最基本的物质需求，是优质蛋白质、钙质的良好膳食来源。2021年奶类产量3777万吨，同比增长7.0%，各类乳制品净进口2231万吨（折原奶），全年消费量6008万吨（折原奶），同比增长11.0%，消费增幅处于历史高位。据《中国农业展望报告（2022—2031）》预计，到2031年，我国奶类消费量将达8957万吨，国内外众多学者对于奶类消费需求和变化趋势的研究也一致认为未来中国奶类消费将继续保持增长。近年来，国务院办公厅、农业农村部等均围绕奶业做强做优先后出台一系列指导意见和行动方案，确立了70%自给率的保障目标，然而2021年自给率已跌至62.9%，明显低于国家安全保障目标。在缺乏核心竞争力、自给率连续多年低于目标的背景下，奶源未来自给率将呈现何种变化？能够实现70%的目标吗？为了实现这个目标，有哪些政策工具可以利用？相应地，会付出什么样的生态代价？这些问题的答案，显然不只对相关政策决策者来说是十分重要的，对于国内外奶业及相关产业也都具有十分重要的实践参考价值。但现有的文献很难系统地就这些问题给出答案。

本书概述了我国奶类生产、贸易与消费发展情况，通过多种计量模型方法，力图准确预测我国居民未来的奶类消费趋势，为推断不同自给率水平下所需要的国内原奶产量提供基本依据。利用全球贸易分析模型（GTAP），基于关税、贸易便利性和奶业生产效率水平，设计不同自给率情景方案，通过关税手段和非关税手段对2025年、2030年和2035年我国可能达到的自给率及变化趋势进行情景模拟，以此探索实现目标自给率可能的政策工具。最后，假定70%的目标自给率可以实现，进一步模拟由此可能导致的生态压力，测算目标自给率实现将带来的生态环境负荷，探讨我国生态环境承载能力是否可以支撑目标自给率的实现，以及实现不同自给率目标所需生产性土地面积、虚拟水资源消耗以及碳排放情况。对上述问题的回答，关系到我国未来奶业供给保障规划，从资源环境角度为政府部门决策提供科学依据和决策参考。

本书得到农业农村部食物与营养发展研究所动物食物与营养政策研究中心多年从事奶业研究的团队成员的大力支持，同时也得到广州财经大学文洪星副教授、西藏大学王亮老师等从事相关研究的青年学者的支持。本书的出版得到了

前　言

农业农村部农产品质量安全检验检测相关服务经费——生鲜乳及乳品营养标准标识分析调查、农业农村部食物与营养发展研究所2022年基本科研业务费专项——奶源自给率变化趋势及主要影响因素分析、国家自然科学基金环境友好型食物消费模式引导机制研究——基于碳税与补贴政策协调视角等项目资助课题（项目编号72003044）资助。

特别需要指出的是，本书在编写过程中难免存在不足和疏漏之处。诚恳地希望得到社会各界及奶业同人的理解与支持，对于书中遗漏与错误之处，恳请大家提出批评、意见和改进建议。

杨祯妮

2022年6月7日

目录

第一章

导　论

一、研究背景与意义 …………………………………… 001

二、研究目标与内容 …………………………………… 006

三、研究方法与数据来源 ……………………………… 010

四、文献综述 …………………………………………… 012

第二章

中国奶类生产、贸易与消费发展情况

一、奶业生产情况 ……………………………………… 026

二、乳制品贸易情况 …………………………………… 033

三、乳制品消费情况 …………………………………… 043

四、本章小结 …………………………………………… 053

第三章
基于GTAP模型的奶源目标自给率路径探索

一、理论机制……………………………………………… 056

二、当前乳制品贸易与生产效率概况…………………… 062

三、研究方法与数据说明………………………………… 069

四、模拟情景……………………………………………… 074

五、本章小结……………………………………………… 089

第四章
目标自给率实现对资源环境影响的实证分析

一、研究方法与数据来源………………………………… 093

二、不同目标自给率足迹测度…………………………… 104

三、本章小结……………………………………………… 117

第五章
结论与启示

一、结论…………………………………………………… 121

二、政策启示与讨论……………………………………… 125

三、不足与研究展望……………………………………… 139

引用和参考文献……………………………………………… 141

第一章

导　论

一、研究背景与意义

2008年"三聚氰胺"事件的发生给中国奶业造成了极大的伤害，严重挫伤了我国消费者对国产奶的消费信心，其造成的负面影响十余年都难以消退。尽管我国生鲜乳中"三聚氰胺"等违禁添加物抽检合格率已连续多年保持在100%，乳制品抽检合格率也连续多年保持在99.7%以上，消费者信心逐渐恢复，但还是有"不敢喝""不愿喝"国产奶的消费心理。十多年间，我国奶类新增消费几乎全部由进口产品占据，奶源自给率由2008年的93.1%快速下降为2021年的62.9%。2007年，我国从国外进口的液态奶总量约0.5万吨，2021年增至129.6万吨，年均进口增速达48.7%，进口液态奶严重冲击了我国乳品国内市场，极大地影响了消费者对乳品的选择，这是导致奶源自给率[1]（以下简称自给率）不断下降的根本原因。本书的研究以2019年作为基期数据，对自给率进行情景模拟和资源测算研究。

为应对居民不断增长的奶类需求，保障奶业供给安全，2016年12月，原农业部、发改委等部委联合印发《全国奶业发展规划（2016—2020年）》（以下简称《规划》），2018年12月国务院办公厅印发《关于推进奶业振兴保障乳品质量安全的意见》（以下简称《意见》）等多个国家文件，都明确要求自给率稳定在70%以上。然而，受资源环境条件的约束，中国奶业将长期面临原料奶生产成本高、缺乏国际竞争力等痛点问题，特别是"三聚氰胺"事件之后，中国奶类产量一直停滞不前，始终徘徊在3100万～3300万吨[2]。2019年，我国奶类产量3297.6万吨，奶类总消费（折原奶计）约5005万吨，同比增长4.9%；人均表观消费量35.8公斤，与2018年相比，人均消费量提高1.6公斤，同比增长4.7%，明显高于2015—2018年年均0.5%的消费增速。将乳制品净进口[3]折算为原料奶计，目前国内供需缺口仍高约1708万吨，自给率仅约65.9%，尚未达到《意见》中的目标自给率。

---

[1] 奶源自给率=国内奶类产量÷（国内奶类产量+净进口乳制品折合成生鲜乳后的数量）×100%。
[2] 数据来源于2018年《中国统计年鉴》。
[3] 乳制品进出口贸易情况，由国家统计局奶类产量和海关净进口乳制品数据计算而得。

第一章
导　论

　　自2016年起，我国自给率开始跌破国家安全线目标，且有不断下降的趋势，国产奶供给能力与竞争优势亟待提升。据预测[①]，到2025年，中国奶类消费总量将达到4210万吨，新增约1000万吨奶类需求。也有研究表明[②]，2008年以来，我国进口乳制品供给占新增需求的95.6%，中国将继续成为全球主要的奶类产品（乳制品）进口国。但由于现阶段国内奶业面临诸多问题，如居高不下的生产成本、缺乏国际竞争力、不紧密的产业链利益联结机制等，国际市场、全球贸易不确定性有所增加，我国奶业对外依存度高，使国内乳业发展形势更加严峻。尽管国内奶类需求不断增长，但如果国内奶类产量继续停滞不前，满足新增需求将依靠不断增加奶类进口量的话，未来自给率与目标自给率的差距将越来越大，届时自给率将会降至何种水平值得高度关注。

　　关于原料奶是自己生产还是依靠进口，如何统筹国内外奶业资源布局与发展，目前仍存在很多争议。国内乳品企业巨头一直在奶源建设方面不断努力，重视国内优质奶源基地建设、海外投资建厂，促进养殖加工一体化，以全面提高竞争优势；各级地方政府纷纷出台相应措施落实自给率目标，

[①] 杨祯妮、肖湘怡、程广燕：《基于6座典型城市3000个消费者奶类消费调研——我国奶类消费结构及趋势分析》，《中国乳业》2019年第9期，第19—23页。
[②] 刘长全：《中国奶业竞争力国际比较及发展思路》，《中国农村经济》2018年第7期，第130—144页。

意在把奶业发展的根本牢牢抓在自己手里；奶业专家普遍认为，我国的奶业养殖和加工一体化水平较低，建立从奶农到加工的全产业链利益联结共享机制十分迫切；消费者对于奶类消费的价格变化很敏感，而我国终端奶类市场价格相对较高，已成为制约奶类消费增长的重要因素。据测算，2019年上半年，我国每公斤牛奶的生产成本为3.29元，而同期我国主要奶制品进口国新西兰、法国和德国收奶价格分别为2.26元、2.27元和2.54元，我国原料奶价格分别约是以上国家的1.5倍、1.5倍和1.3倍。由于牛奶价格上涨主要受饲料成本上涨影响，目前我国苜蓿干草等饲草料进口量呈逐年增长态势，2017年进口苜蓿干草占据了我国奶业苜蓿干草市场的60%~70%，达到140万吨。其中，从美国进口的苜蓿干草占总进口量的比重达到94%[1]，过度依赖美国进口苜蓿干草已成为影响奶业振兴的重要不利因素，对我国奶业生产和居民消费都产生了较大影响。

如果奶类供给主要依靠国内生产，那么增加国内的奶类产量可能会对资源和生态环境造成较大的影响，在增加奶类投入成本的过程中，发展畜牧业对草地的需求是刚性的，但这会带来草地退化、水土污染等一系列负面影响，而这些问题对于国家奶业政策制定的决策者来说至关重要。因此，

---

[1] 中国海关总署，http://www.customs.gov.cn/。

第一章
导　论

如何平衡我国奶业供给安全和生态环境可持续发展之间的关系，是实现奶源目标自给率绕不开的重要问题。此外，目标自给率的实现还可能对经济增长和社会福利带来一定的影响。为此，有必要深入评估不同自给率的实现对经济增长、社会福利及资源环境所带来的一系列影响，以此判断奶源目标自给率制定的合理性。

那么，如何实现奶源目标自给率？依据自给率计算公式，即国内自给率=国内供给量÷（国内供给量+进口量）×100%，不难看出，要提高奶源目标自给率，就必须从奶类进口和国内供给量两方面进行考虑。一方面，在不改变国内奶类供给量的情况下，可以通过提高进口税率等手段减少进口量，但在奶类市场对外开放程度不断加大的背景下，政府难以对所有贸易国都通过提高奶类进口税率的方式增加目标自给率，这也不利于满足不断增长的国内消费需求。另一方面，考虑到国内土地、饲料等要素供给有限，可以采取提高奶类生产技术效率的方式来增加单位产量，从而增加国内奶类供给量。此外，还应综合考虑其他非关税手段，如相关补贴政策、配额、贸易便利化等。

综上所述，本书将从三个方面展开研究：第一，对我国奶类生产、贸易与消费发展情况进行概述，通过多种计量模型方法，力图准确预测我国居民未来的奶类消费趋势，为推断不同自给率水平下所需要的国内原奶产量提供基本依据。

第二，详细探索未来奶源自给率变化趋势，采用全球贸易分析模型（GTAP），基于关税、贸易便利性和奶业生产效率水平，设计不同自给率情景方案，通过关税手段和非关税手段对2025年、2030年和2035年我国可能达到的自给率及变化趋势进行情景模拟，以此探索实现目标自给率可能的政策工具。在这个过程中考察不同自给率下对奶类进出口贸易量、国内供需量、GDP总量、均衡价格以及居民消费等变量的影响。第三，考察目标自给率的实现对资源环境的影响，包括生态足迹、水足迹和碳足迹，在假定乳制品贸易关税和奶类生产技术不变的条件下，对比分析不同自给率下的差异，从而明确在2025年、2030年和2035年要达到70%目标自给率需要付出的环境资源代价。

二、研究目标与内容

（一）研究目标

受资源条件的约束，我国奶业将长期面临国际竞争力不足的问题，国内原料奶和乳制品价格偏高、对国际市场的依赖度越来越高已经成为全社会高度关注的经济问题，这直接影响社会福利和奶源自给率的保障。本书将从居民乳制品的微观消费结构出发，核心目的是探索新时期我国居民未来奶类需求，探析未来自给率的变化趋势，进一步提出实现目标自给率过程中对资源环境产生的影响，以期为国家制定自给率提供科学依据，为我国奶业可持续发展提供参考建议。具体研究目标如下：

目标一：通过梳理1980年以来奶类生产、加工、贸易及消费概况，分析总结过去奶业发展的历史规律，基于不同维度预测我国居民未来的奶类消费趋势，以此为推断不同自给率水平下所需要的国内原奶产量提供基本依据。通过多种计量模型方法，力图准确预测未来国内奶类变化趋势，在此基础上测算未来奶类供需缺口和自给率，为推断不同自给率水平下所需要的国内原奶产量提供基本依据，这一结论将直接服务于研究目标二和目标三。

目标二：从奶类进口税率、贸易便利化和奶类生产技术效率入手，设定8种模拟方案，考察提高奶源自给率可能的途径，探索实现目标自给率可能的政策工具，以及是否存在优于目标自给率的路径，探讨如何保障奶业数量供给安全，这一目标将直接服务于奶业政策制定和奶业发展。

目标三：基于当前奶源自给率，分析国内奶类供给量变化对资源环境的影响，包括土地、水资源、碳排放等；在假定乳制品贸易关税和奶类生产技术不变的条件下，测算出实现70%目标自给率需要付出的环境资源代价。

（二）研究内容

服务于研究目标，本书的研究内容可概括为三大部分：

第一，系统梳理我国奶类生产、加工、贸易及消费的现状及变化规律，立足国内实际情况，从奶类价格、贸易环境与竞争优势等角度，提出未来奶类贸易发展的趋势，从而明确未来奶源自给率变化趋势。采用趋势外推法预测未来国内奶类需求量，确定未来奶类需求预测值，测算国内奶类供需缺口，明确在当前奶类政策与市场状态下，未来奶源自给率与目标自给率的差距变化情况。

第二，使用最新的全球贸易分析模型GTAP的第十版数据库，结合我国奶业的国内外生产、消费及贸易现状，构建了动态GTAP模型，基于乳制品关税、贸易便利化和奶业生产技术效率设定了三种政策方案，模拟在不同政策情景下，2025年、2030年和2035年我国可能达到的自给率水平，以及对宏观经济指标的影响。自给率主要受到进口产品的数量和生产效率的影响，因此本书使用关税、贸易便利化以及奶业生产技术效率作为政策冲击变量。在关税政策情景下，模拟乳制品进口税率变动对乳制品进出口贸易量、国内供需量以及均衡价格等变量的影响，并运用自给率公式进一步测算出对应的国内奶源自给率，从而筛选出最接近目标自给率的国内乳制品供给量和进出口量的配比变量组合。在贸易便利化政策情景下，可通过模拟乳制品的贸易便利化的变化对宏观经济和自给率的影响，以此刻画奶源自给率的变动趋势（乳制品）。在生产效率变化的模拟情景下，通过生产率的变动，提高国内乳制品产量，以此影响宏观经济，特别是奶源自给率，通过上述步骤探索奶源目标自给率的实现路径，从而明确70%目标自给率是否是最优实现路径。最后，设定关税、贸易便利化和生产效率的组合政策，以此寻求提升自给率的有效路径和实现目标自给率可能的政策工具，进而为2035年奶源自给率是否能达到70%提供政策参考依据。

第三，基于第一项研究内容预测2020—2035年我国奶类消费趋势与消费总量，测算假定70%奶源目标自给率可以实现，由此可能导致的生态压力。首先，对生态足迹、水足迹和碳足迹的概念进行界定；其次，分别建立生态足迹、水足迹和碳足迹的测算模型，据此确定本研究所涉及三类足迹测算的相关参数；最后，运用足迹理论与方法，考察奶源目标自给率的实现，将会给我国带来的生态环境负荷，即要保障70%目标自给率，所面临的资源环境承载压力。将奶类供给量变化转化成对土地、水资源以及碳排放等资源的消耗量变化，进一步分析对比不同自给率所需的生产性土地面积、虚拟水资源消耗、碳排放情况；对比不同奶源自给率对资源环境影响的差异，讨论我国生态环境承载能力是否能支撑奶类目标自给率的实现，为政府部门决策提供科学依据与决策参考。

三、研究方法与数据来源

（一）研究方法

本书采用多种实证分析的研究方法，其中主要分析方法包括：

第一，计量经济学方法：（1）采用GTAP模型探讨提高奶源自给率的路径，基于关税、贸易便利性和奶业生产效率三种情景，模拟未来我国可能达到的奶源自给率水平，并进一步探索实现奶源自给率可能的政策工具。（2）运用足迹计算模型测算达到70%目标自给率对资源环境产生的影响，对比不同自给率下生态足迹、水足迹和碳足迹的差异，评估资源环境的承载能力。

第二，趋势外推法：选择人均GDP为预测参数，收集我国典型城市包括香港和台湾地区，以及亚洲典型国家和地区人均奶类消费随人均GDP变化的数据，根据奶类消费发展过程，推导消费变化规律，从而预测出当我国达到与上述国家同等经济水平时，奶类的消费情况及趋势。

第三，描述性统计分析方法：（1）统计分析我国奶类消费的供给特征及变化趋势。（2）统计分析我国居民奶类消费总量，用以了解我国居民奶类消费的基本情况和变化趋势。

第四，可计算一般均衡模型分析法：运用动态可计算一般均衡模型进行政策情景模拟，分析各种政策对宏观经济和奶类自给率的影响，特别是时间趋势下的动态演变过程。通过预设的政策冲击，以此寻求2035年国内奶源自给率目标达成的有效可行的政策路径和宏观经济情况。

（二）数据来源

本书具体数据来源包括：

第一，国家统计局宏观数据来源于统计年鉴、中国海关总署乳制品进出口数据以及国际上典型国家和地区奶类消费及人均GDP的官方统计数据。具体包括：（1）我国居民奶类生产与消费和对应年份的《中国奶业年鉴》《国家统计年鉴》及各省（区、市）对应年份的统计公报。（2）1980—2019年乳制品进出口贸易量来源于中国海关总署。（3）各国与地区奶类消费历史数据来源于联合国粮食及农业组织（FAO）、国际乳品联合会（IDF）及日本农林水产省，人均GDP来源于世界银行。

第二，目标自给率的实现路径研究采用GTAP数据库（第十版），该数据库中含有完整的双边贸易数据、交通数据以及贸易壁垒数据，它的核心有两个重要组成部分：一是含有解释国家经济行为的投入产出表；二是含有联合国发布的双边贸易流动以及关税信息的详细数据库。与以往版本相比，GTAP数据库（第十版）具备以下一些新的特点：（1）包括2004年、2007年、2011年和2014年基准年份数据。（2）覆盖全球121个国家的数据，以及20个区域的集合，能够代表全球GDP水平的98%及世界人口的92%。（3）对50个国家的投入产出表格进行更新。（4）将传统的GTAP行业数据库从57个部门增加到65个部门，以满足新的研究需要，新增部门主要分布在制造业及服务业部门。（5）采用一种统一的办法运用在联合国商品贸易统计数据库（UN Comtrade）中，以此产生贸易平衡数据。（6）广泛采用美国商品进口、北美跨境货物、欧盟贸易数据以及拉美一体化协会（ALADI）的进口数据。（7）更新其他常规数据，具体包含了能源、碳排放以及一系列的宏观经济数据，此外还包括关税数据、农业部门的关税保护措施、双边贸易数据以及双边商品交易数据时间序列等。本书还将加入我国主要进口国乳制品关税税率数据，以使GTAP模拟方案关税模拟的设定有所依据。

四、文献综述

本小节主要包括五部分内容：第一，关于奶类质量与产量安全的研究进展；第二，探讨奶类贸易的研究进展；第三，讨论奶类生产与消费对资源环境的影响；第四，国内外研究现状评述；第五，本章小结。

第一章
导　论

（一）奶类质量与产量安全的研究进展

由于食品安全事件的频发性及其后果的严重性，目前国内外有关奶类安全的研究主要集中在从生产端和消费端两个层面考察奶类质量安全问题，而对奶类产量安全的关注相对较少。

在国外文献中，大量学者从生产领域探讨如何提高奶类质量安全。比如，Lankveld（2004）针对牛奶供应链，探讨了质量安全条例对奶类市场竞争力的影响，结果表明，要使牛奶供应链具有国际竞争力，牛奶质量必须完全符合欧盟健康和安全条例。Noordhuizen等（2005）以荷兰奶牛场为例，分析了欧洲奶牛场控制原料乳质量的发展情况，提出了相应的原料乳质量控制对策。许多学者从科学技术角度对奶类生产质量安全展开分析。任发政等（2006）对奶牛品种、牧场管理、乳制品加工和检测、质量控制及运输等方面的新技术进行全面分析，表明了新技术对提升乳制品质量水平的重要性。Dornom等（2007）针对澳大利亚探索如何通过连锁体系方法来开发当地乳制品行业，并为奶制品出口提供了有效的支撑检疫和检验服务的认证方法。Papademas和Bintsis（2010）考察了预警模型的设计对乳制品质量安全的作用。还有部分学者针对奶类的某一品种进行研究，如Karaman等（2012）以奶酪为例，考察了Web技术溯源系统对提升奶类质量安全的作用。

也有不少学者从消费领域分析如何提升奶类质量安全。例如，Grunert等（2000）对消费者质量知觉和乳制品验收之间的关系进行了深入的分析。Knutson等（2010）考察了食用奶的健康风险，发现警告标签和家长式管理能够有效改善奶类质量安全，降低消费者的风险程度。还有部分学者从卫生与疾病的角度展开讨论，如Latorre等（2011）考察了健康风险对原料奶消费者行为的影响，并进一步探析了李斯特氏菌对原料乳质量的影响。Giacometti等（2015）运用两种独立的RA模型，研究奶类消费者行为与疾病的关系，提出了从公共卫生角度量化风险以保障质量安全的重要性。Crotta等（2016）运用微生物风险评估模型，研究了与生奶消费量有关的疾病问题。

在国内研究中，学者们重点关注的是奶类质量安全的影响因素。例如，段成立（2005）阐述了中国原奶和乳制品生产环节的安全管理体系和技术保障体系，讨论了原奶和乳制品质量安全管理的影响因素。王喜梅（2007）更详细地挖掘了乳品质量的影响因素，提出了从生产设备、产品的配送管理、人员质量培训等环节进行控制的对策建议。任燕和安玉发（2008）分析了导致中国乳业质量安全的原因，并进一步考察了乳业在质量安全监管方面存在的漏洞。柏宇光（2010）从乳品产业链的运作原理角度，探析了中国乳品质量安全的影响因素。钟真（2011）针对中国生鲜乳的发展模式，发现生产组织方式和市场交易类型会显著影响生鲜乳的质量安全。李翠霞和刘真真（2012）运用Logistic模型考察了黑龙江奶农安全生产行为的影响因素。林艳辉（2014）以2013年的"洋乳品"危机为例，运用SWOT分析法，发现乳品质量安全监管不力是中国乳制品产业存在的关键问题。李翠霞和姜冰（2015）探讨了消费者对乳品的质量安全存在信任危机的主要原因。任发政等（2016）指明了重振消费者信心是保障中国乳品质量安全的关键。王雅琪（2019）基于乳制品的生产加工流程，运用层次分析法构建了乳制品供应链透明度的评价指标体系，其研究发现原奶质量信息透明度、辅料添加信息透明度和加工流程信息透明度是影响乳制品质量安全的重要因素。

相比而言，对于奶类产量安全的研究并不多见，且多数只是根据宏观数据进行简单的定性分析。例如，董晓霞和李志强（2014）研究发现，受资源条件约束，中国奶制品供需缺口将长期呈扩大趋势，进口量将较大幅度增加。宋昆冈（2019）指出了奶源不足是制约中国奶类行业发展的主要因素之一，且中国奶类消费对国际市场的依赖程度越来越高。尽管学者们对奶类的质量安全进行了大量翔实的研究，但现阶段中国奶类市场必须面对的一个现实：国内奶类产量从2008年开始一直停滞不前，而居民的奶类消费需求不断增加，使奶类进口量不断增长，导致奶源自给率逐步下降。李胜利（2019）强调了明确中国奶源自给率的重要性。过低的奶源自给率不利于中国的奶类产业发展、居民的福利水平提高乃至国家战略安全，因此有必要对如何提高国内奶类的产量以及保障奶类的自给率安全进行深入分析。

（二）奶类贸易的研究进展

大量文献从贸易自由化的角度对奶类贸易展开研究，Peng和Cox（2006）在世界乳业模型中加入整合世界乳品行业纵向及空间特征，试图分析在亚洲范围内，全球自由贸易背景下的乳制品市场经济变化。研究发现，具有潜在竞争力的出口商是中国和印度，但将损失消费者剩余。刘艺卓（2009）运用市场份额模型考察了中国乳品进口的影响因素，研究表明，如果全球的乳制品贸易规模进一步扩大，对中国的乳制品进口将产生正面影响，但市场结构变化对乳制品进口的影响将由正转为负。Wang等（2010）详细分析了中国主要乳制品的进口模式，其通过对中国在全球乳品市场和贸易环境下潜在影响的探索，发现中国的乳制品进口可能还将保持增长。于海龙和李秉龙（2011）研究了2002—2009年，我国未浓缩的乳及奶油的出口额，研究表明，在国际市场上，我国乳制品缺乏竞争力，乳制品产量对中国乳制品出口的影响为显著正向，而对于出口对象国GDP和中国人口数

第一章
导　论

量的影响为显著负向。

　　研究奶类国内自给率首先要对国内供给量和进口量之间的关系进行分析。国际贸易政策的变化会影响奶类进口量，如中国分别与新西兰和澳大利亚签订的《中华人民共和国政府和新西兰政府自由贸易协定》（以下简称《中新自贸协定》）、《中华人民共和国政府和澳大利亚政府自由贸易协定》等，进口量的变化会影响国内奶类市场的供需变化（彭虹，2019）。许多学者深入考察了国际贸易政策变化对中国奶类市场的影响。通过我国与新西兰奶业发展情况的对比，采用格鲁贝尔-劳埃德（G-L）指数、相对贸易优势（RTA）指标以及双边贸易综合互补系数（OBC）等贸易指标分析表明，中国和新西兰自由贸易区的建立将使中国的新西兰奶制品进口量大幅增加（刘李峰，2006）。刘鸿雁（2007）运用空间均衡模型研究发现，中国与澳大利亚、新西兰的自由贸易区的建立引发了比较明显的贸易转移效应，不利于我国奶业的发展，且各国同时降低关税，将更加有利于这两个国家的奶业发展。李碧芳和肖辉（2010）研究了我国和澳大利亚的农产品贸易，预测我国对澳大利亚奶制品的出口将保持良好增长势头，未来很可能成为拉动出口的因素。李慧燕和魏秀芬（2011）运用引力模型考察了进口关税一旦下降，我国的乳制品进口将如何变化，同时考察了建立中澳自由贸易区所产生的贸易转移效应。研究表明，影响乳品进口的重要影响因素是进口税率，中国从澳大利亚的乳品进口额会随关税降低而显著增长。刘艺卓（2015）考察了中新自由贸易区和中澳自由贸易区的建立对中国乳业的影响。从中新与中澳的税率来看，中国从新西兰进口奶粉的基础税率为10%，自2008年10月起降为9.2%，此后关税以每年0.8%的速度逐年下降，直至2019年关税为零；从澳大利亚进口乳制品的基础税率与新西兰基本一致，其中奶粉进口基础税率也是10%，其降税过渡期与中新自贸协定的安排基本相同，每年降低0.8%，12年后降为零，在这个过程中特殊保障机制仍被保留。

  从研究方法来看，多数文献采用GTAP模型对奶类贸易进行研究。周曙东等（2006）运用GTAP模型考察了中澳自由贸易区的建立和多哈回合谈判对中国奶制品市场的影响。研究发现，由于中澳自由贸易区的建立，将导致新西兰、欧盟对中国的奶制品出口下降约14%，而多哈回合谈判会在一定程度上使中国奶制品的生产受到冲击。Siriwardana（2008）运用GTAP模型分析了中澳自由贸易协定对于我国和澳大利亚的长期福利效应、贸易转移效应和创造效应。研究发现，中澳自由贸易区的建立使两国GDP增加，但中国的增长幅度小于澳大利亚，扩展到全球来看，全球的福利有所增长，且贸易创造效应比贸易转移效应更大。彭秀芬（2009）运用GTAP模型模拟了中新自由贸易区、中澳以及中新澳自由贸易区的建立对于我国乳业市场的影响，结果表明，建立中新澳自由贸易区对中国乳业生产的冲击将加大，而建立中新自由贸易区对中国乳业生产的冲击相对最小。Yu等（2010）运用GTAP模型，通过三种模拟方案探讨了中澳自由贸易区的建立对中国乳制品的国内生产、贸易以及产品等方面的影响。王莉等（2012）运用GTAP模型，对建立中澳自由贸易区对中国乳制品产业的影响进行了模拟，研究表明，中澳自由贸易区对中国乳品产业产生了积极的影响，但对中国的乳品行业会造成一定程度的冲击，因此应该谨慎地放开关税政策。郭婷（2013）运用GTAP模型模拟了下调我国乳制品进口关税对各国乳业的影响，研究发现，在逐渐下调进口关税的情况下，澳大利亚比新西兰更具有价格优势，因此我国可以考虑直接投资澳大利亚乳品的生产环节。赵臣臣（2016）运用GTAP模型考察了中澳自由贸易区对中国乳品贸易的影响。研究表明，中澳贸易区的建立增加了中国奶制品的出口量，但增加幅度小于澳大利亚，而中国奶制品的价格有下降的趋势。

（三）奶类生产与消费对资源环境的影响

随着我国奶牛养殖规模化率不断提高，2018年奶牛规模化养殖比例已达到61.4%，虽然奶业得到了发展，但规模奶牛场的环境污染问题日渐突出，奶牛养殖对环境的影响以及生态保护问题开始受到政府和社会各界的广泛关注。胡冰川和董晓霞（2016）的研究指出，当前中国乳业的脆弱性第一就体现在生态脆弱，首先是草场和土地等资源的生态承载能力与畜牧业容量之间存在矛盾，其次是大规模养殖对生态的负面影响。据测定，一头成乳牛体重为500~600公斤，其每日排粪量、排尿量分别为30~50公斤、15~25公斤，奶牛的粪便日产量明显高于其他畜禽，分别是生猪、肉羊、肉鸡、蛋鸡的3.57倍、13.46倍、219倍、117倍，饲养奶牛百头以上规模（以100头计）全年内排泄的粪尿量将达1600~2700吨（刘成果，2005）。郎宇等（2020）测算，一头奶牛的年排泄物重量约为18吨，如此计算，对于一个大型牧场而言，每年奶牛的排泄量将在数万吨。

若无法消纳奶牛集中饲养的粪尿，将对环境造成严重影响，主要体现在以下三个方面。一是水质污染，在奶牛养殖场中，奶牛的粪污中含有大肠杆菌、蛔虫卵、氮和磷等污染物，大量的有机物和无机盐为细菌和藻类繁殖提供了条件，这对地表水和地下水造成了严重的污染。二是空气污染，氨、甲基硫醇、二甲硫、硫化氢、三甲胺等恶臭有害物质是奶牛粪污堆放过程中有机物腐败后的分解产物，如果不及时清理，其产生的臭味会迅速蔓延。它是奶牛规模化养殖对环境最直接的危害，不仅对居民身体健康造成影响，还会增加牛体本身患呼吸道疾病的风险，降低生产性能。三是土壤污染，研究发现，植物磷是畜禽饲料中磷的主要存在形式，其占比达70%，而这种形式不能被畜禽吸收，因此会被排出，奶牛粪便中含有大量的钠盐和钾盐，不经过无害化处理会造成土壤透气性、透水性下降及板结，影响土壤质量。另外，奶牛粪污中氮和磷的浓度很高，会造成作物徒长、倒伏、不熟或晚熟，严重的将导致减产和死亡。奶牛养殖过程中产生的污染物，不仅会危害人类的健康和生产活动，同时也会因原料奶中超标的细菌总数和有害物质而降低原料奶质量，不利于乳品和乳业的健康发展。

在评估农产品生产与食物消费对环境影响的研究中，分析生态足迹、水足迹、碳足迹和氮足迹的方法被广泛应用。足迹研究涉及的对资源环境的影响来源一般包括资源消费（如生态足迹、绿水和蓝水足迹）和废弃物排放（如碳足迹、氮足迹、硫足迹、灰水足迹）两大类，这是评估人类活动对环境影响的指标。中国由食物消费带来的生态环境压力不断增大，国内外学者基于食物系统与环境资源的内在联系进行了理论和方法探索。Heller等（2003）运用生命周期评价方法，对美国的食物供给和消费系统进行了评估，结果表明，食品过度消费和浪费，均会潜在地影响资源环境。张少春等（2018）运用非参数估计法，在城市化与各类食物消费及生态足迹、水足迹、碳足迹和氮足迹的关系间开展研究分析，研究表明，食物消费的结构性变化，会使食物消费的各类足迹不断增加，我国的食物生产将面临严重的环境负荷与资源消耗问题。曹淑艳等（2014）测算生产鲜乳品、酸奶、奶粉、奶酪的生态足迹系数（ghm^2/t）分别为0.94、1.2、6.55、9.4，表明乳制品的生态影响会随着加工深度的提高而不断加深，从而带来不断增大的生态足迹系数。王晓等（2013）核算农业温室气体排放时发现，动物性食物的温室气体排放系数是植物性食物的7倍以上，2010年动物性食物中肉类、蛋类、奶类温室气体排放系数较高，其中，奶类温室气体排放系数为$1.75kgCO_2\text{-}eqkg^{-1}$。

也有文献将研究集中在改善食物消费与资源环境的措施上，认为改善目前现有的饮食结构，建立可持续的食物消费模式可以减少对资源环境的破坏。Tilman等（2014）研究发现，全球农业潜在30%~60%的温室气体排放量可以通过调整饮食结构来减少。Berners等（2012）研究发现，英国、美国食物消费以奶制品替代肉类分别可减少22%、18%的农业温室气体排放。Lu等（2015）采用情景分析法，提出我国食品供应链上的温室气体排放可以通过改变饮食模式来减缓。林永钦等（2019）研究提出，解决食物消费生态环境压力的有效解决途径是转变食物消费模式。

（四）国内外研究现状评述

上述文献在对未来奶类消费需求的预测、奶类的质量与

第一章 导　论

产量安全、奶类生产对资源环境的影响以及奶类贸易等方面进行了大量的研究。这些文献对本书的研究提供了借鉴和帮助，但仍然存在一些值得继续深入研究的地方：第一，现有文献对中国奶类消费的预测方法和结论大多数是基于国内的奶类消费历史数据，没有充分考虑国际上与中国膳食模式相似的典型国家和地区在同等经济水平下的奶类消费水平，也没有回答基于中国国情和食物消费模式下居民乳制品消费的峰值究竟会达到何种水平。对于未来奶类消费需求的预测，尽管有部分文献运用定量方法进行分析，但极少有研究从奶类消费结构的角度全面预测不同乳制品的消费需求情况。第二，虽然现有文献对奶牛养殖造成的环境污染和资源利用做了较为详尽的探讨，但研究多集中在阐述养殖过程中带来的危害及应对措施，而缺少关于奶类生产对资源环境影响程度的研究。第三，对于奶类安全的研究以质量安全为主，只有少量文献对奶类产量安全展开分析，而从奶源自给率的角度探讨奶类产量安全的研究更是稀少。

　　基于此，本书试图结合中国人均GDP和人口的变化趋势，预测未来奶类的总体需求和消费峰值，从而明确未来国内自给率和目标自给率的差距变化。然后，从奶类产量安全的角度出发，运用GTAP模型探讨奶类进口税率变化、贸易便利性、奶类生产技术效率提升对奶源自给率及中国GDP总量、居民消费、社会福利等宏观指标的影响，并在此基础上探索实现奶源目标自给率可能的政策工具。最后，基于现有自给率与目标自给率的实现对资源环境的需求，测算出实现目标自给率对资源环境的影响程度，从而为我国奶源目标自给率的制定与奶类发展提出中长期建议。

（五）本章小结

本章对消费者需求理论、需求系统模型相关理论与GTAP模型相关理论进行了简要阐述：第一，根据GTAP模型建立了乳制品进口关税、贸易便利化、奶业生产技术效率变化作用于奶源自给率的理论机制，制定政策模拟情景。第二，根据足迹理论建立了生态足迹测算模型、水足迹测算模型和碳足迹测算模型，模拟达到70%目标自给率可能导致的生态压力。第三，基于以上实证研究，提出保障我国奶源自给率目标的政策方案，阐述达到奶源目标自给率可能的政策工具，为国家"十四五"规划中制定奶源自给率提供支撑和证据。第四，从奶类消费需求预测、奶类产量安全、奶类贸易和奶类生产消费对资源环境方面的影响进行文献综述，再对现有文献的不足进行评述。

第二章

中国奶类生产、贸易与消费发展情况

本章系统梳理了我国奶类生产、加工、贸易、消费的现状及历史变迁和奶类需求与供给的变化情况，介绍了1980年至今中国奶类生产情况，并依据近五年的年均增速对未来奶类产量进行预测；详细阐明了奶类进出口贸易概况，重点总结了近十年液态奶进口情况，分析了未来液态奶进口价格走势；立足国内实际情况，从液态奶价格、贸易环境与竞争优势等角度与国际主要奶类贸易国进行对比，提出未来奶类贸易发展趋势，从而进一步明确中国奶源自给率的变化状况；最后回顾了我国居民奶类消费的历史变化规律及消费特征，明确我国人均奶类消费量不足、未来增长潜力较大。

一、奶业生产情况

（一）我国奶类生产得到持续发展，奶牛单产水平不断提高

经过40多年的发展，我国奶类总产量从1980年的97.1万吨增长至2021年的3773万吨，其中2021年的牛奶产量3683万吨，比2020年增加243万吨，同比增长7.1%，创阶段性新高（见图2-1）。近年来，我国奶牛单产水平不断提高，规模化养殖水平持续提升，牛奶产量保持增长态势，在市场的推动和奶业政策的引导下，2021年全国百头以上规模养殖比重达70%，奶牛年均单产8.7吨。此外，通过机械化、信息化装备和关键技术的应用，奶牛生产效率大幅提升，规模奶牛场通过生产性能测定，不但提高了奶牛生产水平，同时节约了饲养成本，经济效益显著增长。回顾历史，我国奶业生产发展可以概括为三个重要的阶段，一是1980—1996年的稳定增长期，此阶段从全国奶牛存栏不到50万头、奶类产量不足100万吨发展到1996年奶牛存栏数量447万头、奶类产量735.9万吨。二是1997—2007年，奶业进入高速发展的黄金10年，跨入奶业大发展时期，奶类产量在2001年、2004年、2006年分别跨过1000万吨、2000万吨、3000万吨大关。三是2008年"三聚氰胺"事件，使处于发展快车道上的中国奶

业转入"寒冰期",造成企业诚信、奶农养殖信心、消费信心、政府公信力四大危机。此后奶类产量始终徘徊在3100万~3300万吨,奶类消费增量90%以上来自进口,2019年后国内奶类产量虽有所增长,但国内供给水平仍然不断下降。

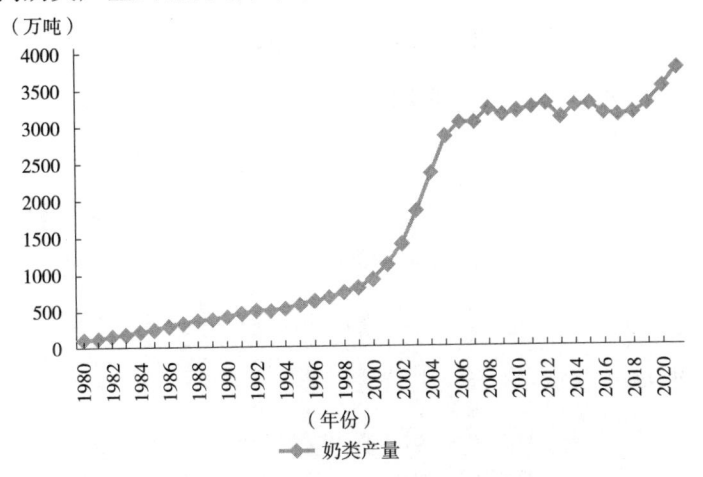

图2-1　1980—2021年我国奶类及牛奶生产情况

注：数据来源于2021年国家统计局

(二)奶制品加工实力增强,加工度进一步提高

2011年以来,我国奶制品工业总体规模快速增长,中国国家统计局数据显示,2021年,全国规模以上奶制品企业累计总产量3031.7万吨(统计口径仅为进入乳品加工厂,不包括牧区自制特色产品),比上年增长9.4%,奶制品加工量继续保持增长趋势,年内呈逐月放缓态势(见图2-2)。具体来看,2021年1—12月全国液态奶、乳粉产量分别为2843.0万

吨、97.9万吨，同比各增长了9.7%、1.8%。我国奶制品加工集中度进一步提高，其中河北、内蒙古和山东奶制品加工量分列全国前3位，分别占全国的13.1%、12.1%和8.0%。2021年，排名前10位的省份和地区加工量累计达到2071.43万吨，占全国总加工量的68.3%。甘肃产量比上年增长50.4%，增幅为全年最快；海南产量下降14.7%，降幅最为明显。

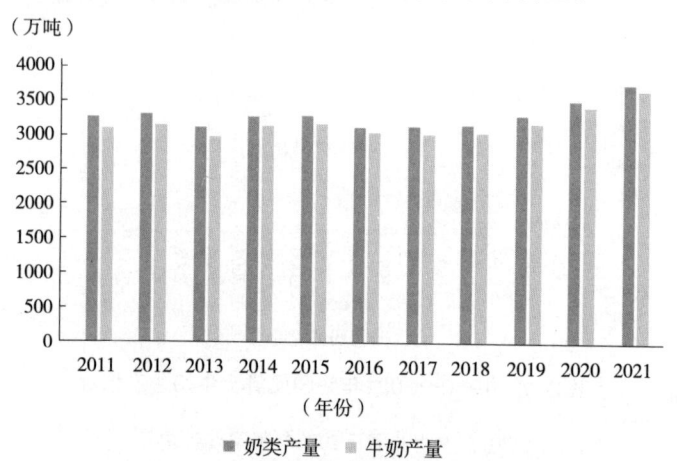

图2-2　2011—2021年中国奶类及牛奶产量变化情况

注：数据来源于2021年国家统计局

（三）生鲜乳年均收购价创历史新高，鲜奶和奶粉零售价均上涨

受饲料价格助推以及国际海运价格上涨等因素影响，2021年生鲜乳价格保持高位运行。据监测，生鲜乳全年价格在4.20元/公斤以上，年均价格4.27元/公斤，同比上涨

12.7%，创历史新高。全年价格走势不同于往年，年内总体保持平稳。具体来看，生鲜乳价格在1—4月高位震荡，5—8月逐步上涨，涨幅为3.0%；8月后，乳制品消费增速下降，企业库存充足，叠加牛奶产量增加，市场供应充足，乳品企业收奶动力减弱，导致生鲜乳价格一反常态，连续3个月逆市下行，累计跌幅为1.0%（见图2-3）。

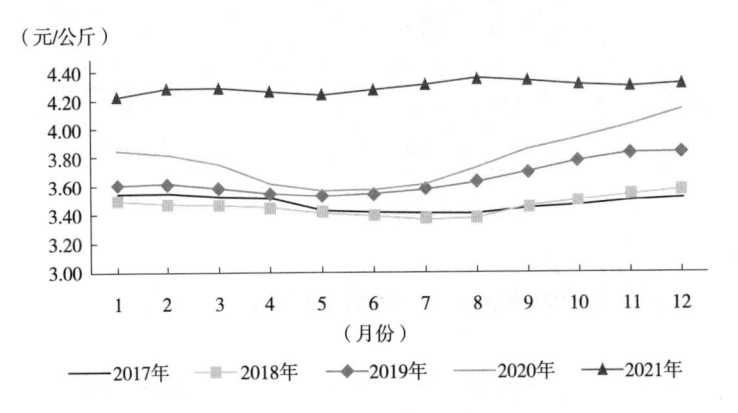

图2-3 2017—2021年生鲜乳月度收购价格

注：数据来源于农业农村部畜牧兽医局

鲜奶和婴幼儿配方奶粉零售价格均上涨。受上游生鲜乳价格高位运行的影响，城市鲜奶和奶粉零售价格同比均上涨。据中国价格信息网监测，2021年，全国监测城市鲜奶平均零售价为11.09元/公斤，与上年相比上涨2.7%。其中，袋装鲜奶平均零售价格为10.26元/公斤，与上年相比上涨3.0%；盒装鲜奶平均零售价格为11.92元/公斤，与上年相比上涨2.3%。全国监测城市三段婴幼儿配方奶粉平均零售价格为234.38元/公斤，与上年相比上涨6.3%。其中，国产三段婴幼儿配方奶粉平均零售价格为195.06元/公斤，与上年相比上涨7.0%；进口三段婴幼儿配方奶粉平均零售价格为273.70元/公斤，与上年相比上涨5.9%（见表2-1）。

表2-1 鲜奶和三段婴幼儿配方奶粉零售价格变化

时间	鲜奶（元/公斤）			奶粉（元/公斤）		
	平均	袋装	盒装	平均	国产	进口
2021年1—12月	11.09	10.26	11.92	234.38	195.06	273.70
2020年1—12月	10.80	9.96	11.65	220.39	182.32	258.45
同比（%）	2.7	3.0	2.3	6.3	7.0	5.9

注：数据来源于中国价格信息网

（四）我国奶业缺乏进口优势，自给率逐年下降

受资源环境条件的约束，我国奶牛业长期面临生产成本高、缺乏国际竞争力的劣势。原料奶成本居高不下，我国原料奶的成本与全球主要奶类出口国相比，存在明显的劣势。我国的奶牛养殖方式以舍饲为主，在圈舍基础设施、饲料等物化投入等成本方面，比新西兰、澳大利亚高出约80%；与欧美的半舍饲养殖方式相比，也要高出40%左右。以2020年为例，我国公斤原料奶生产完全成本约为3.3元，而新西兰、澳大利亚的公斤奶生产成本为1.4~1.6元，以荷兰为代表的欧盟为1.9~2.1元。另据农业农村部监测，2020年，我国奶业主产省生鲜乳收购均价每公斤3.72元；2018年，我国奶制

第二章
中国奶类生产、贸易与消费发展情况

品主要进口国新西兰、法国和德国收奶价格[①]各为2.55元/公斤、2.79元/公斤、2.76元/公斤,我国主产省原料奶价格分别是以上主要进口国的1.5倍、1.3倍、1.4倍。

在低成本进口的挤压与国产奶业产业链利益联结机制不完善的双重压力下,我国奶业逐渐形成"加工巨头"和"养殖矮子"的困局,导致近年来"倒奶杀牛"的现象时有发生,养牛养殖亏损面持续在50%以上。"三聚氰胺"事件后,伴随着居民对国产奶消费信心的下降,2009年后我国奶类产量一改连年增产的态势,出现拐点式下降,降至3136万吨,与2018年相比,减少100万吨,2011年恢复至3263万吨。2009年、2013年和2016年奶类产量分别出现了2.5%、5.7%和3.7%的下降,2017—2020年,我国奶类产量年均增速约为1.67%。

据农业农村部食物与营养发展研究所测算,2021年,我国奶源自给率进一步下跌至62.9%,较2020年低2.6个百分点,为近5年来最大跌幅(见图2-4)。近年来,国务院办公厅、农业农村部等层面均围绕奶业做强做优先后出台一系列指导意见和行动方案,确立了70%自给率的保障目标。但由于核心竞争力缺乏,2008年以来,我国奶业自给率的持续

---

① 本研究中的收奶价格用的是奶农奶价(producer price),即原料奶价格,指的是各国统计部门发布的奶农获得的牛奶价格,即牛场出售牛奶的牧场门口价,不含到加工厂的运费。

下降，明显低于国家安全保障目标。国内奶类产量虽有所增长，但面对居民奶类消费需求不断增加，仍有供应缺口。奶类进口量不断增长，是导致奶源自给率下降、产业总体安全面临严峻形势的原因。2019年后，国内奶源基地快速扩张，产量大幅增长，2019—2020年，奶源自给率稳定在66%。虽然国内产能有所释放，但消费需求旺盛，仍然需要进入作为重要补充。2021年乳制品进口大幅增长，奶源自给率明显下降。

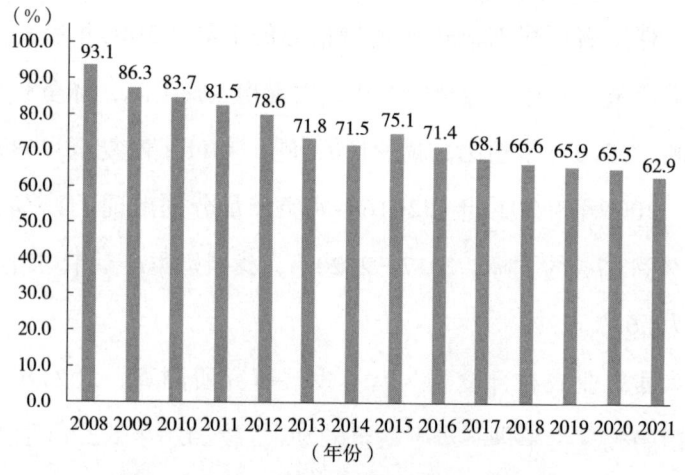

图2-4　2008—2021年我国奶源自给率变化

（五）未来规模化养殖比重提高，奶类产量将继续保持增长

据《中国农业展望报告（2022—2031）》称，随着国内优质饲草料生产、标准化规模养殖加速发展，未来奶牛规模化养殖水平以及单产水平的提高将成为我国奶类产量的增长点，到2022年，奶牛单产将达8.8吨，奶类产量将达3979

万吨。2018年12月，《关于推进奶业振兴保障乳品质量安全的意见》也明确提出，到2025年全国生鲜乳产量将达4500万吨，伴随奶业质量不断提高和产业素质的持续增强，中国奶业发展的质量和竞争力将明显增强。2021年，我国百头以上奶牛规模化养殖比重已达70%，这些数字都充分表明了我国奶牛养殖规模化正处在稳步推进的过程中，通过进一步推进标准化、规模化养殖，实现这一产量目标是有可能的。从长期来看，奶源区域布局持续优化、自主育种能力不断提升、优质饲草料供给稳步增加，在奶业步入高质量发展阶段、奶业振兴利好政策持续带动和市场引导作用下，预计奶类产量和牛奶产量将保持增长。2031年，预计百头以上规模养殖比重达85%，泌乳牛年均单产突破9.5吨，全国奶类产量达5392万吨，年均增速3.6%。

二、乳制品贸易情况

（一）乳制品进出口概况

2021年，我国各类乳制品（含婴幼儿配方乳粉）进口总量合计约为389.73万吨（不含酪蛋白），同比增加18.8%，折合原奶计约为2231.00万吨，占国内奶类产量的59.1%，奶源自给率降至62.9%，已经明显低于70%的目标自给率。乳制品进口额为133.57亿美元，同比增长20.0%，进口来源地主要集中在新西兰、欧盟、美国、澳大利亚、白俄罗斯等国家和地区（见图2-5、表2-2）。据CLAL数据，2021年，按进口量排名前3位的新西兰、欧盟（27国）和美国分别占我国乳制品进口总量的37.5%、37.2%、10.2%，上述3个来源地的乳制品占我国进口乳制品总量的85%，仅新西兰一国就约占我国乳制品进口量约四成。奶制品出口量为4.48万吨，同比增长4.4%；出口额为3.03亿美元，同比增长37.7%（见表2-2）。

图2-5　2011—2021年我国奶制品进口情况

注：数据来源于2021年中国海关总署

表2-2　2020年和2021年乳制品进出口情况

年份	进口		出口	
	数量（万吨）	金额（亿美元）	数量（万吨）	金额（亿美元）
2020	328.12	111.28	4.29	2.20
2021	389.73	133.57	4.48	3.03
同比（%）	18.8	20.0	4.4	37.7

注：数据来源于中国海关总署

总体来看，2021年乳制品进口速度加快，其中，液态奶进口129.6万吨，同比增长20.9%，干乳制品进口260.1万吨，同比增长17.7%。从具体品类来看，大包粉和奶酪进口增长较快，同比增速均达到30%以上，分别为30.2%和36.3%；包装牛奶进口126.9万吨，同比增长22.0%；酸奶呈延续下降趋势，进口量为2.8万吨，同比降低14.0%；2021年生猪市场低迷带动乳清粉进口增速趋缓，全年进口量为72.3万吨，同比增长15.5%。受烘焙、奶茶等奶制品新业态驱动，全年奶油进口量为13.1万吨，同比增长13.3%。

（二）2009—2018年液态奶十年进口情况

液态奶进口价格总体先升后降。2008年"三聚氰胺"事件之后，消费者对国产乳制品消费信心明显下降，进口液态奶受市场追捧，进口价格明显高于国内市场价格，最高达到11.75元/升（2010年），高于国内市场价格的49.87%。自2012年起，尤其是2013年实施"优质乳"工程以后，消费者对国产乳制品消费信心明显提升，进口液态奶走下"神坛"，开始以价格优势竞争国内市场，进口价格降至国内市场价格之下，每升液体奶差价曾一度达到4.70元（见图2-6）。

图2-6　2009—2018年液态奶进口均价与国内市场价格比价

液态奶进口数量大幅增加且结构稳定。10年来，我国液态奶进口数量稳步增加，由2009年的不足1.5万吨增至2018年的70万吨以上，年均增长54.13%（见图2-7）。近期，我国液态奶进口数量增速逐渐放缓，进口量趋于稳定。从结构上来看，液态奶进口长期以鲜奶为主，近10年鲜奶占液态奶进

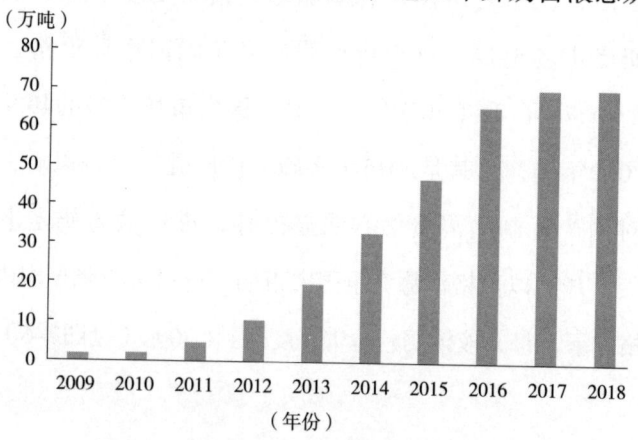

图2-7　2009—2018年液态奶进口数量

注：数据来源于2019年中国海关总署

口总量的平均比重为94.56%，2018年鲜奶、酸奶分别占进口量的95.62%、4.38%（见图2-8）。究其原因，这种进口结构主要是受消费习惯的影响，夏季是酸奶消费旺季，消费者更容易接受保质期短的低温酸奶。

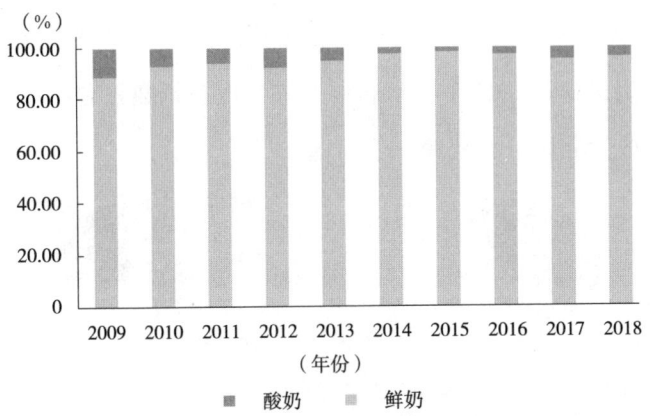

图2-8　2009—2018年液态奶鲜奶和酸奶进口比重

注：数据来源于2019年中国海关总署

液态奶进口来源受价格和政策影响较大。德国、新西兰、法国、澳大利亚是我国液态奶主要进口国，近10年四个国家液态奶进口量平均占我国液态奶进口总量的88.31%。2018年，四个国家液态奶进口量为55.72万吨，德国、新西兰、法国、澳大利亚分别占24.8%、33.1%、9.7%、11.5%，其价格分别为5.41元/升、10.32元/升、14.98元/升、6.38元/升（见图2-9、图2-10），与国内11.6元/升的市场价格相比，德国、澳大利亚液态奶价格优势十分明显，新西兰和法国则没有明显的价格优势，而且进口占比较高，说明国内一部分消费者仍在追捧进口液态奶,这也反映出我国消费者对国产乳制品的质量缺乏信任。从进口格局上来看,一是极具价格优势的德国液态奶进口量增长较快并迅速占领国内市场,近10年年均增长达到67.6%,进口份额由2009年的11.7%增加到2018年的24.8%。二是中新自由贸易区明显促进了新西兰液态奶进口,2017年,从新西兰进口液态奶数量首次超过德国,成为我国液态奶第一进口国。

a. 2009年我国液态奶进口国及进口量分布

b. 2018年我国液态奶进口国及进口量分布

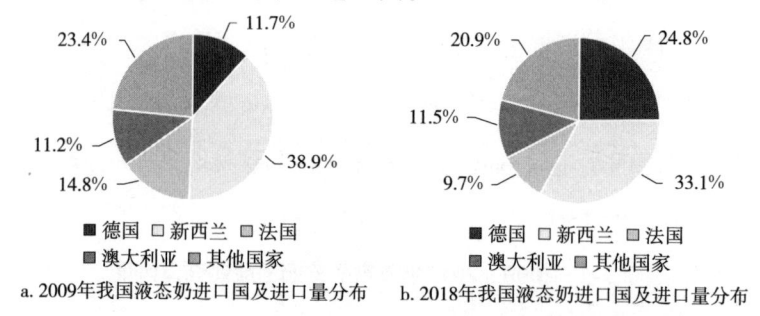

图2-9　2009年、2018年我国液态奶进口国及进口量分布

注:数据来源于2019年中国海关总署

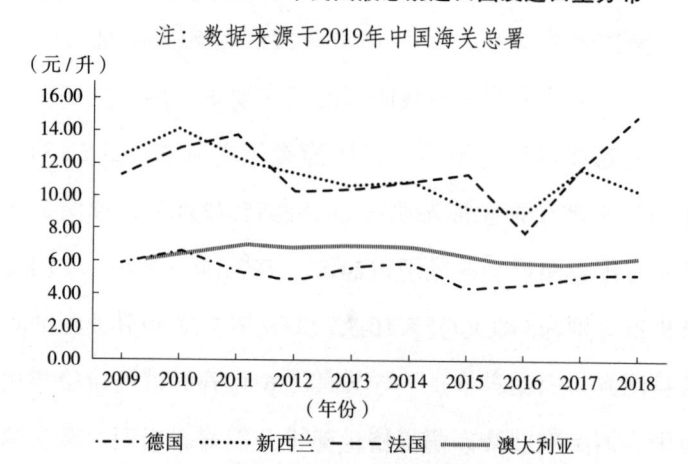

图2-10　2009—2018年液态奶主要进口国进口价格

注:数据来源于2019年中国海关总署

(三)未来乳制品贸易趋势分析

我国奶业先后经历了加入世界贸易组织（WTO）的关税减让和签订中国–新西兰自贸协定、中国–澳大利亚自贸协定的两轮开放，推动我国奶类产品进口的快速增长。加入WTO以来，我国奶类产品对外开放程度不断扩大，目前，我国奶类产品在多边和双边协定中均处于较高开放水平。2019年，我国平均关税12.2%，比世界平均水平低43.4个百分点，远低于日本乳制品平均进口关税95.1%的水平。预计未来我国乳制品的进口量将继续保持增长，但增幅会有所放缓。从进口产品的种类来看，奶粉仍将是主要进口产品，鲜奶、酸奶和奶酪等乳制品的进口增速将维持高速增长。

未来我国液态奶价格上升趋势明显。一方面，受养殖成本刚性上涨的推动，我国生鲜乳生产成本不断上升，以规模场为例，2009—2018年，单位牛奶生产成本年均增长率为3.7%，截至2018年11月，生鲜乳平均生产成本为3.3元/公斤，明显高出世界平均水平1.8~2.2元/公斤。随着城镇化、工业化推进，土地、人工、投入品等农业生产资料成本将逐步提高，这必然带动奶牛养殖成本增加，与国外差距越来越大。另一方面，乳品加工逐步向"高端""高价"定位转型，2010—2018年我国常温奶市场价格年均增长5%，加工乳制品与原料奶的比价由2.7倍增至3.9倍，远高于目前国际上2.5倍左右的比价水平（见图2-11）。原料成本上涨和乳品加工转型都会促使液态奶价格上涨。

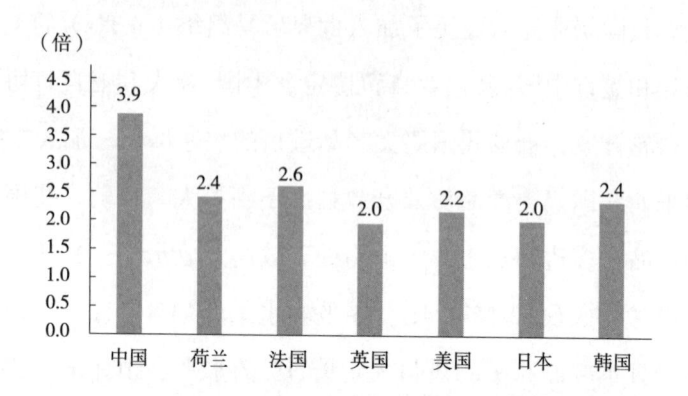

（倍）
中国	荷兰	法国	英国	美国	日本	韩国
3.9	2.4	2.6	2.0	2.2	2.0	2.4

图2-11　2018年代表性国家加工乳制品与原料奶比价

注：数据来源于《IDF2018年报告》

乳品贸易环境更加宽松便利。随着全球经济一体化和"一带一路"进程的推进，未来我国乳品贸易环境更加宽松，贸易条件更加便利：第一，从关税上来看，我国乳制品进口关税不断下调，液态奶中鲜乳（0401）[①]的进口税率由加入WTO前的25%下调至目前的15%，酸奶进口税率为10%。根据《中新自贸协定》，自2021年起中国对新西兰鲜奶、黄油、奶酪的关税将降至0，2023年中国对新西兰奶粉

---

① 根据海关编码，液态奶分为0401鲜奶和0403酸奶。其中0401鲜奶指"未浓缩、未加糖或其他甜物质的乳及奶油"；0403酸奶指酪乳、结块的乳及奶油、乳酸、酸乳酒及其发酵或酸化的乳和奶油，不论是否浓缩、加糖、加其他甜物质、加香料、加水果、加坚果或加可可。

第二章
中国奶类生产、贸易与消费发展情况

的关税将降至0；按照2015年与澳大利亚签订的自由贸易协定，我国对进口澳大利亚的乳制品关税经12年最终将降为0，2024年酸奶关税降为0，到2026年所有乳制品进口关税降为0，"零关税"的成本优势使得这两大进口国继续保持进口优势。除此之外，我国与"一带一路"沿线国家目前共实施4项自由贸易协定和2项优惠贸易安排，预计"一带一路"沿线国家乳制品进口关税也将会有新的减税变化。第二，考虑到海外乳制品过关时间长等问题，上海、天津通过提高技术标准、对鲜奶实行"验放分离"监管制度，进口时间大大缩短，从新西兰进口的巴氏奶到上海只要3天时间。随着大数据、云计算、移动互联等科技手段和技术装备的应用，未来还将在通关速度、办事流程、技术标准等多方面实现国际乳品贸易便利化。第三，乳制品进口多元化，中美贸易协定第一阶段的实施，美国的"延长货架期乳""强化乳""超滤液态乳"等将输入中国。2020年1月，中美贸易协定提出，允许产自美国的高温杀菌乳（ESL）进口并在中国作为巴氏杀菌乳销售，《食品安全国家标准高温杀菌乳》发布前可按经备案的企业标准许可；同年2月，国家市场监督管理总局通过了《关于修订公布食品生产许可分类目录的公告》，明确了液态乳类别中加入高温杀菌乳，这一国标的修订也促进国外鲜乳进驻我国市场，未来中国乳制品进口来源将更多元化，市场竞争将更加激烈。

未来进口液态奶价格优势明显且有降价空间。2018年，按德国、新西兰、法国、澳大利亚四个主要进口国产地计，加上进口费用（运费、关税、增值税）之后，其进口理论成本分别为7.9元/升、9.9元/升、9.3元/升、9.0元/升，与国内价格差值分别达到3.7元/升、1.7元/升、2.3元/升、2.6元/升（见表2-3），明显低于实际进口成本10.7元/升。值得说明的是，目前新西兰、法国以远高于其国内市场的价格向我国出口牛奶，目前到岸成本分别是11.7元/升、19.2元/升，如果这两个国家出口价格降至其国内价格水平，新西兰至少还有1.8元的下降空间，法国则还有9.9元的下降空间（见图2-12）。

表2-3　2018年主要进口国产地价格和进口理论成本

国家	产地价格(元/升)	运费(元/升)	关税(元/升)	增值税(元/升)	进口理论成本(元/升)	国内价格(元/升)	差值(元/升)
德国	5.4	0.5	0.2	0.1	7.9	11.6	3.7
新西兰	10.3	0.6	0.0	0.1	9.9	11.6	1.7
法国	15.0	0.5	0.2	0.1	9.3	11.6	2.3
澳大利亚	6.4	0.6	0.1	0.1	9.0	11.6	2.6

注：依据中国海关总署数据，进口理论成本＝产地价格＋运费＋（产地价格＋运费）×关税＋（产地价格＋运费）×增值税；差值＝国内价格－进口理论成本

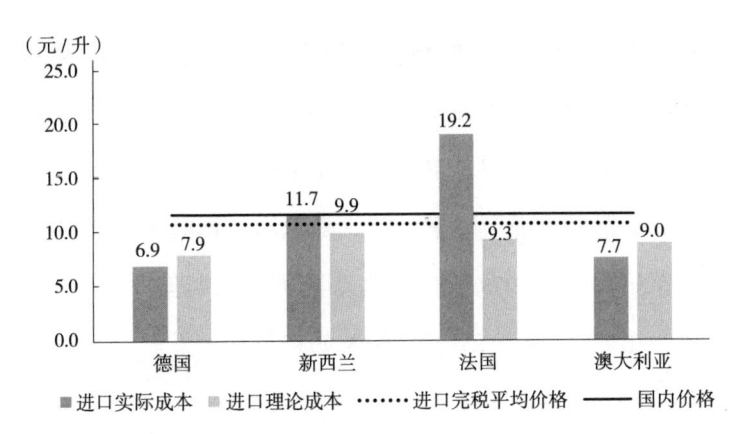

图2-12 2018年主要国家进口成本和国内价格

三、乳制品消费情况

（一）奶类消费水平达历史高位，需求保持良好增长势头

2021年，我国奶类消费量（表观消费量，以下简称奶类消费量）为国内奶类产量3777万吨与奶类净进口量2231万吨①之和，约为6008万吨，以14.12亿人口计，人均奶类消费达到42.5公斤的历史最高水平，比上年增长11.0%，明显高于近10年4.1%的平均消费增长率，消费增幅处于历史高位。按照《中国居民膳食指南（2016）》中推荐量每日300克水平计，已经达到推荐量的38.6%，比上年提高3.6个百分点。

近年来，随着经济发展和居民收入水平的提高，我国

---

① 包装牛奶和酸奶按1∶1计，其他乳制品按照1∶8系数折算，全年进口乳制品折合鲜奶约2210.6万吨，出口乳制品折合鲜奶约16.6万吨，净进口约2194万吨。

奶类消费结构发生显著变化，液态奶消费比重不断下降，干乳制品消费占比有所提高。据尼尔森IQ零售研究[①]，2021年，我国液态乳制品总销售量达1665.98万吨，比上年增长2.4%。分品种来看，常温酸奶、低温酸奶销量与上年相比分别下降3.3%、12.1%。纯奶方面，常温纯牛奶累计销量673.34万吨，比上年增长8.2%；低温鲜奶市场加速发展，销售量为57.84万吨，比上年增长17.2%。其他乳制品方面，婴幼儿配方奶粉、成人奶粉销量继续保持增长，增速分别为1.2%、10.3%；奶酪销售量增长速度较快，同比增长33.2%。

（二）2021年各品类消费现状

液态奶。本书将中国国家统计局中的奶类产量全部视为用于生产国内液态奶，同步考虑液态奶（包装牛奶、酸奶、大包粉[②]）净进口量（折原奶计），加总得出我国液态奶消费量。以此方法计，2021年，我国液态奶消费量为4462.9万吨，折合人均液态奶消费量31.6公斤，与上年相比提高

[①] 尼尔森研究数据覆盖范围不包含内蒙古、新疆、西藏等地区，与国家统计局统计口径有差异。从渠道上看，尼尔森汇报的渠道是大卖场、超市、小超市、便利店、食杂店+母婴店（婴配粉）+部分电商（京东、淘宝、苏宁）等；不覆盖学校、医院等特殊渠道，2020年出现非常多新形式的销售渠道，如O2O、社区团购、微信小程序、社媒/内容电商（抖音、小红书、快手等），以及奶茶烘焙行业等新业态渠道。

[②] 据测算，约55%进口大包粉用于液态奶生产。

9.3%。虽然液态奶消费在我国居民奶类消费中一直占据主导地位，但其消费占比却从1995年的94.9%大幅下降至2021年的74.3%。

奶酪奶油。奶酪和奶油属于消费升级型干乳制品，全部依靠进口。2021年，奶酪进口增长36.5%至17.6万吨，奶油进口增长13.3%至13.1万吨。假设奶酪和奶油库存量不变，将当年奶酪和奶油进口量视作消费量，2021年奶酪和奶油消费总量①为279.2万吨，人均消费量1.9公斤，其中奶酪1.2公斤、奶油0.7公斤（折原奶计）。

婴幼儿配方乳粉。据测算，2021年，受出生人口数量下降影响，婴幼儿配方乳粉（以下简称婴配粉）市场容量为79.5万吨，与上年相比下降近12.8万吨。从来源来看，国产婴配粉为53.3万吨，比上年减少5.5万吨，消费占比由64.1%增至67.1%；进口婴配粉为26.2万吨，同比下降22.1%，说明消费者追捧进口婴配粉的趋势有所扭转。

乳清粉。据中国海关总署统计，乳清粉进口量为72.3万吨，比上年增长15.5%。这类产品属于产业驱动性进口，据行业测算，进口乳清粉约50%用于仔猪饲料，婴配粉加工约占40%，约10%用于食品加工。2021年，受能繁母猪产能明显恢复影响，全年生猪出栏量6.71亿头，较上年增长

---

① 奶酪按照1∶10折算为原料奶计，奶油按照1∶8折算为原料奶计。

045

27.4%，带动乳清粉进口增长。

（三）2022年奶类消费趋势判断

液态奶。据团队测算，人均收入每增加1%，带动人均液态奶消费增长1.74%；液态奶消费价格弹性为-1.44，即液态奶价格每上涨1%，乳制品消费下降1.44%。第十三届全国人民代表大会第五次会议上的政府工作报告指出，2022年GDP预计增速为5.5%，若人均收入保持同等增幅，将带动人均奶类消费提高9.6个百分点。同时乳制品价格提高也将在一定程度上抑制奶类消费，据中国价格信息网监测，2020—2021年全国城市液态奶平均零售价涨幅1.7%，以此增幅计，2022年液态奶价格上涨将带动居民奶类消费下降2.5%。据此判断，预计2022年人均液态奶消费量将增至33.8公斤，消费增幅约7.1%，带动全年液态奶消费量增长317万吨。①

奶酪奶油。奶酪主要用于比萨、汉堡等西式餐饮及儿童奶酪棒（原制奶酪占比15%）等产业，奶油主要用于烘焙产品、奶盖茶、咖啡等新场景新业态，两者均是国内奶类消费升级的产品，目前消费水平较低、增长潜力大。奶酪、奶油消费量分别按近3年23.8%、24.7%的年均增长率计，预计2022年奶酪进口量为21.8万吨、奶油进口量为16.3万吨，两

---

① 2022年人口以14.13亿计。

第二章
中国奶类生产、贸易与消费发展情况

者折原奶计348.4万吨，带动奶类消费增长69.2万吨（折原奶计）。

婴配粉。婴配粉需求主要受近3年新出生人口数量影响。随着人口出生率逐年下降，婴配粉需求不断减少。据第七次全国人口普查数据，2021年出生人口为1062万，降幅为11.5%。2022年，育龄妇女人数下降、生育意愿持续走低、生育养育及教育成本偏高带来的生育顾虑，将继续带动出生人口数量下降。按2021年出生人口降幅推算，结合2020年、2021年新出生人口下降情况，预计2022年婴配粉消费需求为69.7万吨，折原奶计约为557.6万吨，比上年下降78.4万吨。

乳清粉。乳清粉进口量与国内婴配粉市场、生猪产业情况关系密切。鉴于用于国内婴配粉生产的乳清粉已在婴配粉消费中考虑，在此就不重复测算。从饲用需求来看，虽然生猪出栏量将保持惯性增长，预计比上一年增长3.4%，但当前乳清粉进口均价处于高位，2022年3月每吨价格1602美元，同比增长31.9%；叠加生猪市场低迷带动乳清粉进口增速趋缓，2022年1—3月累计进口乳清粉10.89万吨，比去年同期下降46.2%，保守估计全年降幅按10%计，预计将带动饲用乳清粉下降3.6万吨，折原奶计28.8万吨。

基于上述预测，预计2022年液态奶需求将增至4780万吨，奶酪奶油、婴配粉和乳清粉折原奶计消费量分别为348.4万吨、557.6万吨和549.6万吨，合计为1455.6万吨。假设

2022年其他奶制品消费不变，全年奶类消费量将增至6311万吨，增幅约5.0%，人均奶类消费量44.7公斤。从国内生产来看，国家统计局发布一季度奶类产量同比增长8.3%，增速与上一年相比基本持平，2022年产量按照去年7.0%同比增幅计，则全年奶类产量为4041万吨。从进口来看，一季度进口各类乳制品100万吨（折原奶计约607万吨），同比减少11.8%，受国际奶价达到历史高位影响，除大包粉、奶油、酸奶增长外，其他品类均有不同幅度的下降，乳制品进口受到抑制，预计进口增速低于近5年年均进口增速12.4%，全年进口增幅按8.9%计[①]，进口量为2430万吨（折原奶计）。综合国内生产和进出口情况分析，假设出口保持去年同等规模，预计全年总供给6455万吨，全年增幅约7.4%，但是由于需求增速回落、国内供给宽松，需要提前防范奶源供过于求的迹象。

（四）我国奶类消费与营养供给不足

2018年，全球人均奶类消费水平约为113.7公斤/年，2017年，日本人均奶类消费量为93.5公斤/年，美国、欧盟、澳大利亚人均奶类消费量分别为272.7公斤/年、242.2公斤/年、250.0公斤/年（见图2-13）。相比之下，2021年，我国

---

① 按照《中国农业展望报告（2022—2031）》预测值。

第二章
中国奶类生产、贸易与消费发展情况

人均奶类消费量达到历史最高水平42.5公斤,即便如此,我国人均奶类消费仅为全球平均水平的三分之一,不足亚洲典型国家的二分之一,与典型发达国家饮奶量差距更大,相当于新西兰、澳大利亚的七分之一,欧美等发达国家的六分之一。世界医学杂志《柳叶刀》建议每天喝250～500克牛奶。2022年4月26日发布的《中国居民膳食指南(2022)》中提出,奶及奶制品的推荐摄入量由原来的300克/天调整至300～500克/天,当前我国人均每日奶类消费量为116.4克,与新版膳食推荐量相比,相差67.2～140.3公斤(折算成全年摄入量)。可见以营养目标计,奶类消费实际水平与营养需求差距还很大。

从营养结构上看,2017年我国每天人均动物蛋白消费量为40.4克,其中肉类提供53.1%,奶类仅提供6.7%。相比之下,日本奶类提供动物蛋白14.8%,美国是30.4%,德国是40.2%。总体来看,我国人均奶类消费量低,在营养改善中发挥的作用不充分,是居民膳食消费的一大短板。无论从奶类摄入量还是食物消费营养结构分析,我国奶类消费都还有很大的增长空间。

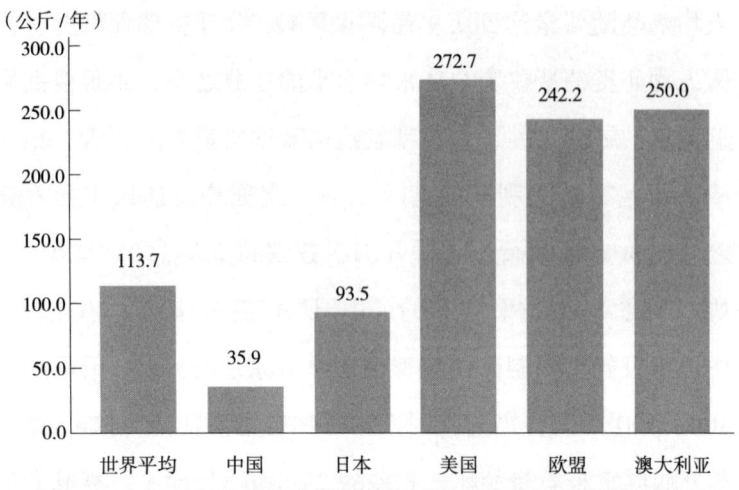

图2-13 2018年全球与典型国家和地区人均乳制品消费量对比

注：世界奶类消费数据来源于《IDF2018年报告》；美国、欧盟、澳大利亚消费量来源于2017年FAO统计数据；中国2019年人均奶类消费量根据奶类总供给量（生产量+净进口量）/年中人口数计算而得；产量数据来源于2019年国家统计局；净进口量数据来源于2019年中国海关总署；日本消费量来自2017年日本农林水产省

（五）我国奶类消费预测

立足国内奶类消费现状及历史变化，借鉴国内外典型国家和地区的奶类消费规律，预测提出未来奶类消费需求。我国居民奶类消费水平整体偏低，与发达国家相比差距很大，借鉴典型地区人均奶类消费发展规律发现：人均奶类消费随人均GDP增长呈现一致的上升态势。综合国内城市微观调研、国家统计局和国际数据三方数据，得到人均GDP每增加1000美元，人均奶类消费将增长1.2公斤的规律。

第二章
中国奶类生产、贸易与消费发展情况

本测算以2019年人均奶类消费量作为基期数据展开预测，在人均GDP 9000~15000美元这一经济发展阶段，亚洲国家和地区人均奶类消费增长规律为：人均GDP每增加1000美元，人均奶类消费增长1.2公斤。从国内历史数据来看，近10年的增长规律为：人均GDP每增加1000美元，人均奶类消费增长1.3公斤。国内典型城市的人均奶类消费增长规律为：人均GDP每增加1000美元，人均奶类消费增长1.1公斤。综合来看，未来人均GDP每增加1000美元，人均奶类消费将增长1.2公斤。2019年，我国人均GDP为10276美元，按照人均每增加1000美元，人均奶类消费量增长1.2公斤计算，2025年、2030年和2035年我国人均奶类消费量将分别达到40.4公斤、45.6公斤和52.4公斤。另外，依据中国社会科学院预测数据，2025年、2030年和2035年中国人口将分别为14.25亿、14.38亿和14.19亿，届时中国奶类消费总量将分别达到5757万吨、6557万吨和7436万吨。表2-4列出了2020—2035年我国奶类消费需求总量预测值、人均奶类消费量预测值、不同自给率下奶类产量的预测值。2019年，中国奶类总产量为3298万吨，如果按照《全国奶业发展规划2020》保持70%自给率目标计，2025年奶类产量需达到4030万吨，与基期相比[①]，增加822万吨；2030年，中国奶类总产量需达到4590万

---

① 基期数据为2017—2019年奶类产量的平均数，为3208万吨。

吨，与基期相比，增加了1382万吨；2035年，中国奶类总产量需达到5205万吨，与基期相比，增加了1997万吨。2000—2019年，中国奶类产量从919万吨增长至3298万吨，近20年增长了2379万吨，年均增速约7.0%。如果按上述生产目标计，2025年、2030年、2035年奶类产量年均增速各为2.4%、2.5%、2.5%，基于历史增长率来看是完全可以达到的。

表2-4　2020—2035年我国奶类需求预测值

年份	人均消费量(公斤)	人口数(亿)	奶类需求总量(万吨)	不同自给率下的国内供给量					
				70%	65%	55%	50%	40%	30%
2020	36.4	14.04	5111	3577	3322	3066	2811	2555	2044
2021	37.1	14.08	5224	3657	3395	3134	2873	2612	2089
2022	37.9	14.12	5351	3746	3478	3211	2943	2676	2141
2023	38.7	14.17	5484	3839	3564	3290	3016	2742	2194
2024	39.5	14.21	5613	3929	3648	3368	3087	2806	2245
2025	40.4	14.25	5757	4030	3742	3454	3166	2879	2303
2026	41.3	14.29	5902	4131	3836	3541	3246	2951	2361
2027	42.3	14.33	6062	4243	3940	3637	3334	3031	2425
2028	43.4	14.38	6241	4369	4057	3745	3433	3120	2496
2029	44.5	14.42	6417	4492	4171	3850	3529	3208	2567
2030	45.6	14.38	6557	4590	4262	3934	3607	3279	2623
2031	46.8	14.34	6711	4698	4362	4027	3691	3356	2684
2032	48.1	14.31	6883	4818	4474	4130	3786	3442	2753
2033	49.5	14.27	7064	4945	4591	4238	3885	3532	2825

第二章
中国奶类生产、贸易与消费发展情况

续表

年份	人均消费量(公斤)	人口数(亿)	奶类需求总量(万吨)	不同自给率下的国内供给量					
				70%	65%	55%	50%	40%	30%
2034	50.9	14.23	7243	5070	4708	4346	3984	3622	2897
2035	52.4	14.19	7436	5205	4833	4461	4090	3718	2974

注：GDP数据、GDP增长率数据来源于世界银行 *The 2019 Revision of World Population Prospects*；2021年后的人均GDP按近6年增长率的平均数5.5%计增长；人口数据来源于中国社会科学院预测数据

总结来看，2025年、2030年和2035年我国奶类人均消费量将分别达到40.4公斤、45.6公斤和52.4公斤，进一步推算得到奶类消费总量将分别达到5757万吨、6557万吨、7436万吨。结合70%目标自给率公式，测算得出2025年、2030年和2035年奶类产量需求分别达到4030万吨、4590万吨、5205万吨，该预测结果将成为第三章、第四章内容的重要支撑。

四、本章小结

本章简要回顾了我国奶业从生产、加工、贸易和消费的现状与历史变迁。总结来看，进入21世纪，我国奶业呈现高速增长发展态势，并一直持续到2008年，直到发生了"三聚氰胺"事件。"三聚氰胺"事件对我国奶业的冲击是巨大的，对生产、加工、贸易和消费都产生了难以逆转的深远影响。首先，从生产上看，近年来奶类产量处于震荡前行状

态，2008—2019年，牛奶总产量基本在3200万吨徘徊，此后的两年奶类产量增速显著提高，突破3300万吨"陷阱"，奶类自给率从93.1%下降到62.9%。2019年，原料奶生产成本在3.30元/公斤左右，比新西兰、澳大利亚高一倍，比美国高70%，比欧盟各国高60%~70%。

其次，从加工环节上看，乳品加工产量稳步增长，进口规模扩张迅猛。2008年后，液态奶产量实现稳步增长，2021年，奶制品加工量保持增长，年内呈逐月放缓态势，全年奶制品加工量为3031.66万吨，比上年增长9.4%。同一时期，奶粉和液态奶进口量分别由2008年的10.2万吨和0.8万吨快速增长至2021年的127.51万吨和129.61万吨。此外，牧草、活牛、机械设备也都严重依赖进口，我国奶源自给率呈现明显下降趋势，国际竞争力变弱。

最后，从消费环节上看，在此期间，虽然我国奶类人均占有量有明显增长趋势，但与发达国家之间依然存在巨大差距。2021年，我国奶类人均占有量为42.5公斤/年，相当于新西兰、澳大利亚的七分之一，欧美等发达国家的六分之一；如果以中国居民膳食指南的营养目标低限300克/天计，奶类营养需求接近110公斤/年，显然消费者距营养目标甚远（74公斤），奶类消费还存在很大增长空间。

第三章

基于 GTAP 模型的奶源目标自给率路径探索

首先,本章采用GTAP模型工具,重点就乳制品关税、贸易便利化和生产技术效率对我国及全球乳制品贸易产生的影响进行理论机制分析,目的在于就关税与非关税变化如何实现目标自给率以及实现目标自给率所产生的影响进行理论推演。其次,界定了在全球贸易自由化大背景下我国主要乳制品进口国的关税水平与现行政策及当前我国奶业生产技术效率现状。再次,根据第二章理论框架可知,奶源目标自给率的实现可通过关税手段和非关税手段,为此,本章分别设定八种不同情境:对我国主要奶源进口国关税分别降低10%、30%、50%,主要奶源进口国贸易便利化程度分别提高30%和50%,国内奶业生产技术效率分别提高5%、10%、15%。最后,在此模型的设定下,探究关税与非关税手段将导致我国奶源自给率的变化,包括国内产量、进出口、GDP、社会福利的变化。

一、理论机制

根据本书的研究目的和现有文献分析，本研究将从乳制品进口关税、贸易便利化和生产技术效率角度进行模拟。GTAP模型中的数据均为价值型的量，研究重点是乳制品自给率问题，为了研究需要，在进行GTAP模型测算自给率的问题中，自给率由国内乳制品生产量的价值量与国内总消费量决定，即自给率=生产总量/总消费量×100%。

在GTAP模型中，消费可分为居民消费和政府消费两部分。从消费来源来看，包括国内生产的商品和国外进口的商品。因此，我们可以通过关税和贸易便利化政策来控制国外进口商品的数量，国内生产消费的这一部分，可以通过最直接的提高生产效率加以干预。故本研究将通过关税、贸易便利化及生产效率三个变量来研究其变化的宏观经济对乳制品自给率的影响。具体理论机制分析如下。

（一）关税和贸易便利化模拟的理论机制

关税属于税收的一种，价格是GTAP中用来描述关税的载体，包括离岸价格FOB和到岸价格CIF两种，具体的FOB和CIF价格如式（3.1）和式（3.2）所示。其中，式（3.3）中$\Delta_{r,i,d}$表示国际贸易中的服务所产生的单位成本。最终因关税而形成的市场价格如式（3.4）所示，CIF价格和对应的关税率决定国内市场的进口商品的价格。在GTAP模型中，关税对应的外生冲击变量可以用TMS进行外生变量的政策冲击。

$$P_{r,i,d}^{fob}=P_{r,i,d} \times (1+t_{r,i,d}^{e}) \qquad (3.1)$$

$$P_{r,i,d}^{cif}=P_{r,i,d}^{fob} + \Delta_{r,i,d} \qquad (3.2)$$

$$\Delta_{r,i,d}=\xi_{r,i,d} \times PWMG_{r,i,d} \qquad (3.3)$$

$$P_{r,i,d}^{tax}=P_{r,i,d}^{cif} \times (1+t_{r,i,d}^{m}) \qquad (3.4)$$

贸易便利化是国际贸易中非常重要的部分，主要涉及贸易通关手续和时间等方面。由于农产品自身的特性，在整个农产品贸易便利化的研究中，时间成本的贸易便利化问题是研究的焦点。本研究在刘宇等（2017）有关时间成本的贸易便利化研究的框架下进行了乳制品贸易便利化问题的研究。在模型中$pm_{i,r,s}$用于折算国内外价格，$pms_{i,r,s}$表示单位价格下的国家之间的运输成本。在本书的研究中，用$tms_{i,r,s}$以刻画因贸易关税变动而使得贸易条件所发生的变化。在GTAP主模型中，连接全球贸易的价格（出口税）方程可以用式（3.5）来表示，$fpob_{i,r,s}$、$pm_{i,r,s}$、$txs_{i,r,s}$分别可以代表i商品从r地运往s地销售的价格变动情况、国家内部的市场价格、贸易出口过程中的税率变动百分比。其中，下标i是商品，r、s则分别为出口地、进口地，后面均采用这样的做法。

$$fpob_{i,r,s} = pm_{i,r,s} - txs_{i,r,s} \tag{3.5}$$

式（3.6）表示在国际贸易过程中各国家间的运输成本的单位价格的情况，可以用其进行计算，$pms_{i,r,s}$、$tm_{i,s}$、$tms_{i,r,s}$、$pcif_{i,r,s}$则分别代表了i种商品从r地运送到s地过程中的成本、单国税率、双边进口关税、CIF变动的百分率。在本研究的贸易便利化问题中，此次选择用$tms_{i,r,s}$反映贸易关税变化而带来的贸易条件改善情况，同时，将此变量作为外生变量描述关税变动对贸易条件变动的影响情况。

$$pms_{i,r,s} = tm_{i,s} + tms_{i,r,s} - pcif_{i,r,s} \tag{3.6}$$

进口需求方程可以用式（3.7）来表示：

$$qxs_{i,r,s} = -ams_{i,s} + qim_{i,s} - ESUBM_i \times [pms_{i,r,s} - ams_{i,r,s} - pim_{i,s}] \tag{3.7}$$

式（3.7）通过变换可以得到式（3.8），用以刻画贸易问题中的非关税壁垒以及在商品流通过程中所发生的损失（包括不可观测性的贸易成本问题），即"Iceberg Cost"（中文译为冰山成本，用来刻画在国际贸易中无法测算的一些成本，就如同冰山在海上运输过程中会慢慢融化损失掉一部分）。Hertel（2001）给出了$pms_{i,r,s}$作为"有效价格"以及$qxs_{i,r,s}$为"有效数量"的定义，设定$ams_{i,s}$与"有效价格"和"有效数量"的变动联动机制，即可实现对贸易便利化的量化。

$$pms'_{i,r,s} = pms_{i,r,s} \times ams_{i,r,s} \tag{3.8}$$

$$qxs'_{i,r,s} = qms_{i,r,s} \times ams_{i,r,s} \qquad (3.9)$$

$$qxs_{i,r,s} + ams_{i,s} = qim_{i,s} - ESUBM_i \times [pms_{i,r,s} - ams_{i,r,s} - pim_{i,s}]$$
$$(3.10)$$

$$pms_{i,s} = \sum_k [MSHRS_{i,k,s} \times (pms_{i,k,s} - ams_{i,k,s})] \qquad (3.11)$$

$pms_{i,s}$表示进口商品复合价格的变化，$MSHRS_{i,k,s}$为权重值，$ams_{i,r,s}$是进口变化的技术改变，即贸易便利化的变动，至此，在本研究中，使用了外生变量贸易便利化AMS政策冲击变量开展研究。

（二）奶业生产技术效率模拟的理论机制

开展农业生产是一项系统工程，需要各种要素的合理搭配，具体而言，需要土地、劳动力、资本这些显性要素。在GTAP模型中，用CES函数将各要素进行了多层有机嵌套链接，以此得到关于要素的复合价格，最终达到了将各种要素进行适量配比，使得总的均衡问题可量化为产量问题，具体如图3-1所示。同时，按照生产力函数的边际投入产出递减理论，要提高农业生产效率需要依靠农业科技创新，即增加农业TFP。按照TFP的定义可知，其为物质要素以外促进生产效率的因素，故在GTAP模型中可选取外生变量qo作为政策冲击变量，其大小代表TFP的变化对生产效率的影响。

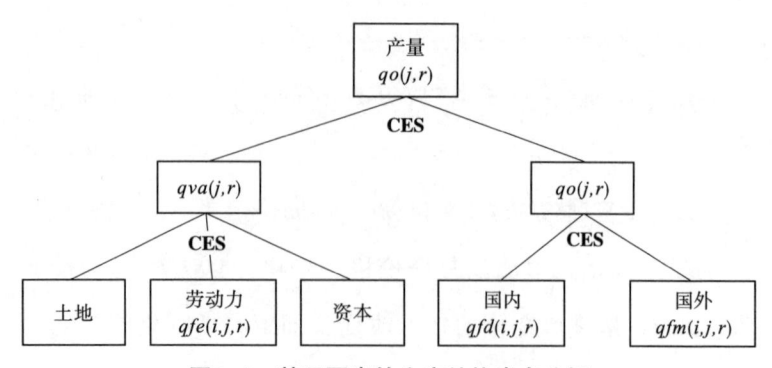

```
                        产量
                       qo(j,r)
                        CES
           ┌─────────────┴─────────────┐
        qva(j,r)                    qo(j,r)
          CES                         CES
      ┌────┼────┐                 ┌────┴────┐
    土地  劳动力  资本            国内       国外
        qfe(i,j,r)              qfd(i,j,r) qfm(i,j,r)
```

图3-1 基于要素的生产结构嵌套分解

全要素生产率（TFP）是反映各种要素，特别是资本和劳动等投入之外的技术进步和能力提升等引起生产产出量的增加（刘军跃等，2018）。

设当前经济生产过程的生产函数为Cobb-Douglas生产函数（以下简称C-D生产函数），具体如式（3.12）所示：

$$Y_t = A_t K_t^\alpha L_t^\beta \tag{3.12}$$

在C-D生产函数中，Y_t、K_t、L_t则分别反映了t时刻GDP、资本和劳动的投入情况。指数α、β代表了t时刻对应的资本以及劳动力的产出弹性，一般情况下假设$\alpha+\beta=1$。在进行研究的过程中，需要对传统的指数形式的C-D生产函数两边取对数，将其化成线性形式再进行回归分析。对式（3.12）两边取对数即可将指数形式的方程化为线性形式：$lnY_t = lnA_t + \alpha lnK_t + \beta lnL_t$。

通过对式（3.13）的回归，可以得到资本、劳动和耕地的产出弹性α、β，经过归一化的过程，可以得$\alpha* = \alpha/(\alpha+\beta)$，

$\beta*=\beta/(\alpha+\beta)$。因此，$t$时刻的TFP可表示成式（3.13）的形式：

$$TFP_t = A_t = e^{(\ln Y_t - \alpha \ln K_t - \beta \ln L_t)} \quad (3.13)$$

在现代经济发展进程中，要素投入已达到了边际递减的制高点，经济增长更多将由技术进步所决定。影响技术进步的因素多种多样，特别是对外投资（FDI）和对外贸易所引起的技术外溢、人力资本的积累以及在国内开展的自主研发活动。可以利用FDI的时间序列数据检验其对中国技术进步的影响程度和影响方向等方面：

$$TFP_t = a_0 + a_1 FDI_t + a_1 H_t \cdot FDI_t + a_3 R\&D_t + a_4 OPEN_t + \varepsilon_t \quad (3.14)$$

其中，TFP_t为被解释变量，它代表第t年的技术进步水平，FDI_t代表第t年外商直接投资，H_t代表第t年的人力资本，$R\&D_t$代表第t年的国内研发投入。$OPEN_t$反映了第t年贸易的开放程度，以我国历年进出口额所占各年GDP的比重来体现。在CGE模型中，将a_1这个替代弹性引入CGE模型中。

通常而言，乳制品关税变化、贸易便利化会直接导致乳制品进出口量的变化，它们将通过价格机制影响居民奶类消费水平，主要归结为种类效应（消费种类增加）及价格效应（成本或价格降低）（周玲玲、张恪渝，2020）。因此，乳制品关税变化、贸易便利化影响奶源自给率的基本逻辑为：首先，乳制品关税下降会加快国外乳制品进入我国市场，直接降低国外乳制品的贸易成本，通过价格机制作用于国内产品，假设国内消费者乳制品需求保持不变，当进口乳制品价格相对下降，将使本来就具有价格优势的国外乳制品进一步挤占国内市场份额，国产乳制品份额相对降低，这将会导致自给率进一步下降；其次，贸易便利化使乳制品贸易制度和手续更为简化、通关更容易，会促进居民乳制品进口需求的扩张，使国外乳制品竞争力增强，与此同时，受国内资源环境、国内奶类生产的约束，奶源自给率将不断下降。生产技术效率变化引起TFP的变化，从而传导至生产效率，最终将通过产量影响奶源自给率的变化。

在动态机制方面，本研究采用一般的动态递归方法，以刻画单位GDP的增长率，具体路径的数量方程如式（3.15）所示。

$$RGDP_{r,t} = (1+R_{r,t}) \times RGDP_{r,t-1} \times \frac{POP_{r,t}}{POP_{r,t-1}} \quad (3.15)$$

二、当前乳制品贸易与生产效率概况

（一）基于当前我国主要乳制品进口国贸易环境

经济全球化和贸易自由化一直是推动世界经济发展的主流力量。近年来，中国奶制品进口高速增长，海外进口占中国生鲜乳总供给近四成。一方面，受新冠肺炎疫情影响，国际奶制品供应链面临严峻考验；另一方面，中国奶牛进口和加工原辅料都过度依赖国际市场。2018年，受美国加征关

第三章
基于GTAP模型的奶源目标自给率路径探索

税影响，奶牛养殖苜蓿饲料成本明显增加，对我国奶业贸易产生较大影响。全球贸易体系的变化对全球和我国农业及奶业的影响是不言而喻的，从短期来看，全球贸易环境将处于激烈变化的调整波动期，贸易摩擦和保护主义可能进一步加剧；从长期来看，新的贸易秩序伴随大小不等的"贸易圈"诞生，将呈现"圈内更开放、圈外更排他"的贸易环境，全球贸易格局再调整、利益再分配。当前贸易格局的变革对我国奶业的影响深远，稳定乳制品进口供应的压力增大。首先，我国与美国的贸易摩擦，导致苜蓿干草进口货源不稳定、成本上升、汇率增加等贸易风险，很容易造成奶牛养殖业波动，对国内奶业发展产生不利影响。2008—2017年，我国苜蓿干草进口量逐年增长，2017年达到140万吨，进口苜蓿干草占据了我国奶业苜蓿干草市场的60%～70%，其中美国为131万吨，占总进口量的94%，而苜蓿在我国奶牛养殖的饲料成本中占比为13%（中国海关总署，2019），可以说中美贸易摩擦对我国奶牛养殖的影响显著。其次，是澳大利亚与中国政治外交"遇冷"导致经济贸易关系恶化。2020年5月19日，澳大利亚议员Pauline Hanson公开提议采取措施限制对中国出口婴配粉，澳大利亚一直是我国重要的乳制品来源国，特别是婴配粉和包装牛奶的进口比重还在不断上升。据中国海关统计，2019年，中国从澳大利亚进口大包粉6.82万吨，占进口总量的6.7%，同比增长29.3%；进口婴配粉占比3.7%，同比增长18.4%；进口包装牛奶10.32万吨，占比11.6%，同比增长27.2%。如此情况下，与各国贸易往来将直接决定我国乳制品供给是否存在安全风险。最后，考虑到可能以大型贸易协定为核心建立新秩序新格局的形成，中国正在积极考虑加入《全面与进步跨太平洋伙伴关系协定》（CPTPP），该协定覆盖全球约13%的GDP和5亿人口，如果美国重返协定，英国和印度等主要经济体也可能会被吸引，引领新型贸易规则和全球化秩序。印度作为全球第二大奶业生产国和全球第五大经济体，因此设定为模型考虑的经济体。

（二）我国主要乳制品进口国关税现状及趋势分析

据中国海关总署数据，以我国进口乳制品的主要来源国以及在全球乳制品贸易中所占的份额来划分，2019年我国乳制品进口总额的41.4%来自新西兰，欧盟位居第二，占43.8%（其中荷兰占15.9%，德国占7.1%），美国仅占1.9%。折合生鲜乳后，即干酪按1∶10折算、其他干乳制品按1∶8折算、液态奶不折算的方法，2019年中国乳制品进口总量的46.4%来自新西兰，其次是美国（占8.2%），再次是荷兰（占7.8%），最后是澳大利亚（占6.3%）。本书定义新西兰、澳大利亚、欧盟和美国四个国家（地区）为主要奶类进口国，以上四个国家（地区）乳制品进口总量占我国乳制品进口总额的90%以上。我国奶业先后经历了加入WTO关税减让和签订中国-新西兰自贸协定、中国-澳大利亚自贸协定两轮开放，推动我国奶类产品进口的快速增长。加入WTO以来，我国奶类产品对外开放程度不断扩大，进口液态奶竞争优势增强。目前，我国奶类产品在多边和双边协定中均处于较高的开放水平。2019年我国平均关税12.2%，比世界平均水平低43.4%，远低于日本乳制品平均进口关税95.1%（见表3-1）。

从关税上看，我国乳制品进口关税不断下调，液态奶中鲜乳（0401）的进口税率由加入WTO前的25%下调至目前的15%，我国对进口澳大利亚的乳制品关税经12年最终降为0，到2026年所有乳制品进口关税降为0。在第二章我们分析了我国乳制品贸易现状及形势，总体上我国奶牛养殖业落后于其他奶业强国，生鲜乳生产成本明显偏高，国际竞争力与欧美奶业强国相比有一定差距。我国已经陆续与其他国家和地区签订了14项自贸协定，自贸协定的签署加深了国际间的贸易合作，也意味着关税的不断降低将会使我国奶业面临新的挑战。

表3-1 2020年中国现行乳制品关税表

货号	货品名称	产品	最惠国税率（%）	普通税率（%）	暂定税率（%）
0401	未浓缩乳及奶油	包装牛奶	15	40	—
04021	浓缩固态乳及奶油	脱脂奶粉	10	40	—
04022-29	其他浓缩非固态乳及奶油	全脂奶粉大包粉	10	40	—

续表

货号	货品名称	产品	最惠国税率（%）	普通税率（%）	暂定税率（%）
04031	酸乳	酸奶	10	90	—
04039	其他酪乳及发酵奶油	酸奶	20	90	—
04041	乳清及改性乳清	乳清粉	6	30	2
04049	其他乳清产品	乳清粉	20	90	—
0405	黄油、乳酱、乳脂（油）	黄油	10	90	—
0406	鲜干酪、加工干酪	奶酪	15	90	8
04064	蓝纹干酪	奶酪	12	90	8
04069	其他干酪	奶酪	12	90	8
19011010	婴配粉	婴配粉	15	40	5
—	平均关税		12.2%	—	—

注：中国现行乳制品关税税率由中国海关总署数据整理所得

（三）贸易便利化

贸易便利化的定量研究是基于贸易中的"时间成本"指标，在贸易过程中经历的时间就是衡量贸易便利性的直接指标。因此，本研究将贸易时间成本定义为：由于海关管理、安检、贸易融资、安全事务以及港口基础设施建设等限制和规程引起的贸易中的时间延误。目前已有许多学者从贸易便利化角度开展研究，证实通过降低贸易时间成本来提升贸易便利化能带来巨大的正向经济影响，同时在国际贸易中，时间延误带来的壁垒效果往往高于关税。刘宇等（2017）利用改进的GTAP模型，在跨太平洋伙伴关系协定（TPP）和区域全面经济伙伴关系协定（RCEP）背景下，以时间成本量化了贸易便利性，研究提出将时间成本的消减纳入考虑，在冰山效应的拉动下，中国的GDP增长将达到仅考虑关税消减的10倍之多，这进一步说明，忽视时间成本的定量研究将严重低估贸易自由化潜在的正面影响。Lee等（2009）利用LINKAGE模型研究了"10+3"和RCEP框架下的贸易便利化提升50%的经济影响，发现贸易便利性的提升将进一步加大中国福利的增长效应。佟家栋和李连庆（2014）研究发现，通过提高透明度以降低贸易成本所造成的经济损失带来的贸易便利化提升，将使中国的GDP增长5%以上。就乳制品而言，随着物流和电子商务的快速发展，新西兰进口鲜牛奶从生产起最快3天就可以到达国内超市货架，贸易的便利化加剧了本土奶的国际竞争。基于此，本章内容也将从非关税贸易壁垒角度出发，考察贸易便利化提升对奶源自给率及宏观经济主要指标的影响。

（四）奶业生产技术效率

TFP是单位总投入（加权后）的总产量的生产率指标。TFP增量概念主要来自经济增长核算框架，可分为要素投入增长和TFP增长。增长核算经常出现的一个问题是，通常认为的经济增长的两个源泉——资本和劳动，并不能解释绝大多数实际增长的成绩，如规模经济、研发、技术进步、要素配置等方面就无法体现。这些无法体现的部分即TFP所反映的结果，故将之称为"余值"。Solow（1957）在数量上确定了产出增长率、投入增长率和技术进步率，即索罗余值（Solow Residual），之后，Kendrick将索罗余值定义为TFP。至此，TFP的增长常常被用来度量要素投入之外的各种因素对产出增长产生的影响。在此情况下，人力资本、制度变迁、环境规制、产权变化等因素也可以用TFP反映。

本书基于索罗余值法对中国奶业养殖业的TFP进行测算。马恒运等（2007）在估计了中国牛奶生产随机投入距离函数之后，定量测算了中国牛奶的TFP和技术进步率以及技术效率。在简单的TFP框架下，TFP增长率通常可以简单视作技术进步率，研究得出，1992—2003年，国有及集体奶牛场和个体奶牛场的TFP年均增长率分别为0.25%和2.33%，技术进步是其增长的主要方面；国有及集体和个体奶牛场生产的技术进步率的年均增长率则分别是1.04%和1.55%，因此，1992—2003年，中国牛奶生产TFP增长主要依靠技术进步的诱导。

以下测算以2019年我国奶牛平均单产7.8吨计算，据《中国农业展望报告（2022—2031）》称，随着国内优质饲草料生产、标准化规模养殖加速发展，未来奶牛规模化养殖水平以及单产水平的提高将成为我国奶类产量增长点，预计到2025年，我国奶牛规模化养殖比重将超过80%，奶牛单产将达到9.0吨。另据对1400个规模（主要是存栏100头以上的牧场）牧场奶牛生产性能进行测定的研究结果表明，在奶牛的测定过程中，奶牛日平均产奶量达30公斤，折合305天的奶牛，则年产奶量可达到9.1吨。通过进一步推进标准化、规模化养殖，达到这一产量目标是有可能的。如果奶业生产技术效率在现有基础上提高15%，单产则可达到9.0吨。

三、研究方法与数据说明

（一）研究方法

本书采用GTAP模型来探讨奶源目标自给率的实现路径，从奶类国内自给率的计算公式出发，即国内自给率=国内供给量/（国内供给量+进口量）×100%，所使用的价格均为生产者价格。具体而言，生产总量和总消费量的计算方法为：

生产总量=EVFA+VIFA+VDFA

总消费量=VIFA+VDFA+VIGA+VDGA+VIPA+VDPA

其中，EVFA为私人部门消费、VIFA为厂商进口奶类消费、VDFA为厂商国产奶类消费、VIGA为政府进口奶类消费、VDGA为政府国产奶类消费、VIPA为居民进口奶类消费、VDPA为居民国产奶类消费。

要提高奶源目标自给率可以考虑三种方式：第一种是在国内供给量不变的条件下，通过提高进口税率来减少进口量；第二种是考虑到总体奶类关税政策趋向，即未来进口税率将逐步下降，假设在国内供给量不变的条件下，通过逐步降低进口税率来增加进口量，但这将导致目标自给率不断下降；第三种是同时考虑奶类关税政策和国内供给量，即通过同时逐步减少进口税率和增加国内供给量的方式来提高目标自给率。本研究也试图探索一些在极端政策情况下，能否实现奶源目标自给率。基于此，奶源目标自给率的实现路径探索过程主要包括以下几个步骤：

第一步，确定主要奶类进口国和关税变化趋势。中国的主要奶类进口国包括新西兰、澳大利亚、欧盟和美国。由于新西兰的进口税率已经下降为0，所以本书主要考虑中国与澳大利亚、欧盟以及美国的奶类贸易情况。考虑到政策趋向，对澳大利亚和欧盟的进口税率将逐步降低，于2026年全部降至0。根据最新中美贸易谈判进展，预测对美国乳制品的进口税率也将进一步下降。

第二步，模拟中国与主要奶类进口国（新西兰、欧盟、美国、澳大利亚）的关税政策变化对国内奶类产量、进出口贸易量、均衡价格、GDP以及社会福利水平的影响变化；运用国内自给率公式计算出对应的奶类国内自给率；筛选出提升奶源自给率的政策干预情景，从而得到实现奶源目标自给率需要的政策。

第三步，如果通过第二步得不到与目标自给率相近的奶类国内自给率，即国内自给率始终低于目标自给率，那么，需要进一步考虑增加国内奶类供给量。考虑到国内土地、饲料等要素供给有限，增加国内奶类供给量的一个有效措施是通过提高奶类生产技术效率以增加单位产量。因此，本书进一步模拟中国奶类生产技术效率变化对国内奶类产量、进出口贸易量、均衡价格、GDP以及社会福利水平的影响变化，并通过第二步的测算方式得到实现奶源目标自给率的政策。

第四步，模拟贸易关税、贸易便利化和生产技术效率指标的政策组合，用以观察各类政策组合叠加冲击对我国奶源自给率产生的影响，探索是否存在目标自给率的实现路径。具体而言，通过模拟来观察各组合政策对GDP、投资、消费（政府消费与居民消费）、贸易条件、贸易均衡、进出口贸易量、CPI和社会福利水平的影响变化，以及自给率的变化。

（二）数据说明

本书基于GTAP模型，模拟分析了中国和各国之间乳制品税率的动态变化、贸易便利化提高及奶类生产技术效率提高对中国实际GDP、国内乳制品进口总量、奶类消费、居民消费及国内主要农业部门产出的影响效应。采用GTAP数据库（第十版），它囊括了2004年、2007年、2011年和2014年的基准年份数据，覆盖了141个国家和地区（具体为121个国家、20个地区）以及65个行业部门，代表着98%的世界GDP水平和92%的世界人口。首先，将GTAP数据库（第十版）中的141个经济体归总为15个国家和地区。其次，将原数据库中的65个部门归总为26个，将煤炭、油、气和其他矿物质等合并为重工业部门；纺织品类、服装、皮革制品、木制品和纸制品合并为轻工业；计算机、电子设备及其他制成品等合并为其他工业；运输、贸易、保险、教育和其他金融服务等部门合并为服务业[①]（见表3-2）。最后，将8种要素归总，其中要素部分为5种，分别为熟练劳动力、非熟练劳动力、资本、土地、自然资源。

---

① 合并后的产业为：水稻、小麦、其他谷物、蔬菜、水果和坚果、油籽、甘蔗和甜菜、植物纤维、其他作物、牛、绵羊和山羊、马、其他动物产品、生鲜乳（乳制品）、羊毛蚕茧、林业、渔业、重工业、轻工业、其他工业、服务业、牛肉制品、其他肉类产品、植物油脂、大米、糖、其他食品、饮料和烟草制品、建筑。

第三章 基于GTAP模型的奶源目标自给率路径探索

表3-2 模型构建的26个部门与标准GTAP数据库原始65个部门对应表

序号	新合并的部门 代码	新合并的部门 部门	标准GTAP数据库原始部门 代码	标准GTAP数据库原始部门 部门
1	pdr	水稻	pdr	水稻
2	wht	小麦	wht	小麦
3	gro	其他谷物	gro	其他谷物
4	v_f	蔬菜；水果；坚果	v_f	蔬菜；水果；坚果
5	osd	油籽	osd	油籽
6	c_b	甘蔗；甜菜	c_b	甘蔗；甜菜
7	pfb	植物纤维	pfb	植物纤维
8	ocr	其他作物	ocr	其他作物
9	ctl	牛；绵羊和山羊；马	ctl	牛；绵羊和山羊；马
10	oap	其他动物产品	oap	其他动物产品
11	mmk	生鲜乳（乳制品）	rmk; mil	生鲜乳；乳制品
12	wol	羊毛蚕茧	wol	羊毛蚕茧
13	frs	林业	frs	林业
14	fsh	渔业	fsh	渔业
15	hiy	重工业	Coa; oil; gas; oxt; p_c; chm; nmm; i_s; nfm; fmp	煤炭；油；气；其他矿物质；石油；煤炭产品；化学产品；其他矿产品；黑色金属；其他金属；金属制品
16	liy	轻工业	Tex; Wap; Lea; Lum; Ppp; bph; rpp	纺织品类；服装；皮革制品；木制品；纸制品，出版；基本药品；橡胶和塑料制品

续表

序号	新合并的部门		标准GTAP数据库原始部门	
	代码	部门	代码	部门
17	inc	其他工业	Ele; eeq; ome; mvh; otn; omf; ely; gdt; wtr	计算机；电子和光学产品；电子设备；其他机械设备；汽车及零件；其他运输设备；其他制成品；电，气体生产，分配；水
18	ser	服务业	Trd; afs; otp; wtp; atp; whs; cmn; Ofi; Ins; Rsa; Obs; Ros; Osg; Edu; Hht; Dwe;	贸易；住宿；餐饮和服务活动；其他运输；水运；航空运输；仓储和支持活动；通信；其他金融服务；保险；房地产；其他商务；服务；娱乐和其他服务；公共行政与国防；教育；人类健康和社会工作活动；住宅
19	cmt	牛肉制品	cmt	牛肉制品
20	omt	其他肉类产品	omt	其他肉类产品
21	vol	植物油脂	vol	植物油脂
22	pcr	大米	pcr	大米
23	sgr	糖	sgr	糖
24	ofd	其他食品	ofd	其他食品
25	b_t	饮料和烟草制品	b_t	饮料和烟草制品
26	cns	建筑	cns	建筑

四、模拟情景

（一）模拟情景设定

基于现有乳制品关税情况、贸易条件与当前奶业和整个

第三章
基于GTAP模型的奶源目标自给率路径探索

农业发展现状及全球经济形势，本研究共设置了4种政策模拟方案，具体情况如下。

模拟方案一：设定基准方案，即在当前关税、贸易便利程度和奶业生产技术效率都保持不变的条件下，到2020年、2030年、2035年，我国奶类自给率将下降到何种程度，与目标自给率差距如何。模拟方案二：在当前乳制品关税水平与贸易开放政策背景下，我国四大主要乳制品进口国的关税将呈不断下降趋势，将主要乳制品进口国关税税率下调10%、30%、50%和乳制品进口关税税率全部降为0，保持当前生产技术效率不变的前提下，从2025年开始冲击，模拟不同关税税率下降情景下，2025—2035年奶源自给率及相应宏观经济主要指标的变化。模拟方案三：假定中国乳制品进口关税税率保持不变、奶类生产技术效率不变，将贸易便利化程度提高30%、50%，从2025年开始冲击，模拟2025—2035年宏观经济主要指标的变化及奶源自给率的变化。模拟方案四：假定中国的乳制品进口关税税率、贸易便利化程度等条件保持不变，从2025年开始冲击，模拟奶类生产技术效率分别提高5%、10%和15%，2025—2035年奶源自给率及相应宏观经济主要指标的变化（见表3-3）。

表3-3　乳制品关税、贸易便利化和奶业生产技术
效率变化对奶源自给率影响的模拟情景

政策情景	政策情景描述
S0：保持各种条件不变	乳制品关税、贸易便利化、生产技术效率均保持不变
S1：乳制品进口关税下降	假定澳大利亚、新西兰、欧盟和美国四大乳制品主要来源国的乳制品进口关税降至0
	假定澳大利亚、新西兰、欧盟和美国四大乳制品主要来源国的乳制品进口关税下降10%
	假定澳大利亚、新西兰、欧盟和美国四大乳制品主要来源国的乳制品进口关税下降30%
	假定澳大利亚、新西兰、欧盟和美国四大乳制品主要来源国的乳制品进口关税下降50%
S2：贸易便利化提升	假定贸易便利化在现有水平下提升30%
	假定贸易便利化在现有水平下提升50%
S3：奶业生产技术效率提升	假定奶业生产技术效率在现有水平下提升5%
	假定奶业生产技术效率在现有水平下提升10%
	假定奶业生产技术效率在现有水平下提升15%

（二）宏观指标模拟结果分析

方案二的模拟结果（见表3-4）显示，乳制品整体关税水平下调对我国GDP增速的影响由正转负，假定各类乳制品关税全部降为0，政策冲击从2025年开始，当年中国的GDP增速为0.34%，但到2030年、2035年均出现不同程度的下降，GDP转为负增长。除墨西哥和东盟外，其他国家的

第三章
基于GTAP模型的奶源目标自给率路径探索

GDP增速均出现不同程度的提高。乳制品关税降为0，使我国GDP增速从2025年提高0.04个百分点，转为2030年下降0.1个百分点。进一步对比2035年我国及4个主要乳制品进口国GDP的增速，乳制品关税降为0分别使新西兰、澳大利亚、欧盟和美国的GDP上升0.34、0.46、0.54和0.13个百分点，使我国GDP下降0.37个百分点，可见乳制品关税降为0对中国GDP增速的影响为负，对主要乳制品进口来源国的GDP增速影响为正，其中对欧盟GDP增速的影响最大，影响最小的是美国。方案一中，随着乳制品关税缓慢逐步下降（奶类关税分别下降10%、30%和50%），2025年中国GDP增速将下降0.06个百分点，不同关税下降水平对中国GDP增速影响差异不大；到2035年，乳制品关税下降10%、30%和50%，三种设定对我国GDP消费增速变化没有显著差异。

表3-4 模拟方案二——关税降为0时我国及主要国家/地区宏观经济指标变化（2035年）

指标	社会福利（亿美元）	实际GDP（个百分点）	投资（%）	居民消费（%）	政府消费（%）	总出口（%）	总进口（%）	贸易平衡（亿美元）	贸易条件（%）	CPI（%）
澳大利亚	526.51	0.46	2.33	0.88	0.87	0.95	2.84	-61.19	0.31	-0.03
新西兰	57.84	0.34	1.62	0.81	0.74	2.43	2.29	-3.82	-0.11	-0.30
中国	19128.22	-0.37	5.52	5.13	6.16	1.41	4.40	288.34	-0.55	-0.17
日本	574.02	0.67	-0.91	1.29	1.23	0.28	1.23	45.81	0.46	-0.02
韩国	538.05	0.68	1.96	2.22	2.19	0.17	2.19	-57.91	0.43	0.09
印度	1766.07	0.03	4.56	3.18	3.30	0.24	4.21	-336.76	-0.06	-0.53
墨西哥	51.43	-0.13	-3.19	-0.43	-0.50	0.26	-0.72	109.04	-0.14	-0.83
美国	-3453.14	0.13	15.33	-3.37	-3.41	0.79	-5.43	2090.13	0.07	-0.45
加拿大	389.13	0.11	1.02	0.49	0.49	0.14	1.28	-53.12	-0.05	-0.49
英国	604.87	0.60	0.54	1.36	1.30	-0.04	1.63	-54.94	0.27	-0.02
欧盟	2981.62	0.54	-0.04	0.57	0.50	0.96	1.09	-75.52	0.17	-0.10
东盟	2655.74	-0.42	4.26	3.95	4.23	1.96	4.29	-381.97	-0.27	-0.99
其他地区	8624.36	0.29	2.90	2.20	2.00	2.96	3.27	-1469.70	0.12	-0.55

注：根据GTAP模拟结果整理所得

第三章 基于GTAP模型的奶源目标自给率路径探索

关税下降使得中国和主要奶类进口国的总进口量出现不同程度的提高，到2035年中国商品的总进口量将增长4.40%，高于澳大利亚、新西兰和欧盟进口增长水平，但美国的商品总进口量将下降5.43%；而中国商品的总出口较其他4个国家或地区波动较大，将增长1.41%，仅低于新西兰总出口增长2.43%的水平。从社会福利角度来看，降低奶类关税使得中国和大部分国家和地区的社会福利提高，表现为关税降为0，2035年中国社会福利增长19128.22亿美元、澳大利亚社会福利增长526.51亿美元、新西兰社会福利增长57.84亿美元、欧盟社会福利增长2981.62亿美元，而美国的社会福利有所降低，表现为2035年减少3453.14亿美元。从我国居民消费角度看，奶类关税下降使得2035年居民消费、政府消费分别提高5.13%、6.16%，高于全球其他国家和地区，将使得美国同期居民消费、政府消费分别下降3.37%、3.41%。除此之外，奶类关税下降使得中国投资指标提高，特别是主要奶类进口国投资均出现不同程度的提高，最高的是美国，提高15.33%，澳大利亚、新西兰分别提高2.33%、1.62%，欧盟小幅下降0.04%。

方案三、方案四的模拟结果（见表3-5、表3-6）显示，贸易便利化的提高使得2035年中国的GDP增速出现下降，使4个主要乳制品进口国/地区的GDP增速均出现不同程度的提高。对比各国GDP增速可以看出，贸易便利化的提高使得中国GDP增速减少0.37个百分点，使得澳大利亚、新西兰、美国和欧盟的GDP增速分别增长了0.46、0.34、0.13和0.54个百分点。贸易便利化提高、奶业生产技术效率提高均使得中国和主要奶类进口国/地区的总进口量出现不同程度的提高，贸易便利化提高、奶业生产技术效率提高使得中国和大部分国家和地区的社会福利提高，美国的社会福利降低。从居民消费角度来看，贸易便利化程度提高50%、奶业生产技术效率提高15%分别使得2035年中国居民消费、政府消费有所提高，并高于全球其他国家和地区，而美国同期居民消费、政府消费下降，模拟结果与关税下降冲击结果类似。

第三章 基于GTAP模型的奶源目标自给率路径探索

表3-5 模拟方案三——贸易便利化程度提高50%的情况下我国及主要国家/地区宏观经济指标变化（2035年）

指标	社会福利（亿美元）	实际GDP（个百分点）	投资（%）	居民消费（%）	政府消费（%）	总出口（%）	总进口（%）	贸易平衡（亿美元）	贸易条件（%）	CPI（%）
澳大利亚	526.51	0.46	0.29	0.88	0.87	0.95	2.84	-61.20	0.31	0.42
新西兰	57.87	0.34	0.36	0.81	0.74	2.43	2.30	-3.83	-0.11	0.35
中国	19127.41	-0.37	-0.38	5.13	6.16	1.41	4.40	288.60	-0.55	-0.24
日本	574.02	0.67	0.48	1.29	1.23	0.28	1.23	45.79	0.46	0.58
韩国	538.04	0.68	0.45	2.22	2.19	0.17	2.19	-57.92	0.43	0.48
印度	1766.08	0.03	-0.02	3.18	3.30	0.24	4.21	-336.77	-0.06	0.01
墨西哥	51.43	-0.13	-0.01	-0.43	-0.50	0.26	-0.72	109.04	-0.14	-0.12
美国	-3453.16	0.13	0.16	-3.37	-3.41	0.79	-5.43	2090.08	0.07	0.13
加拿大	389.14	0.11	0.06	0.49	0.49	0.14	1.28	-53.13	-0.05	0.13
英国	604.88	0.60	0.54	1.36	1.30	-0.04	1.63	-54.96	0.27	0.51
欧盟	2981.62	0.54	0.46	0.57	0.50	0.96	1.09	-75.56	0.17	0.44
东盟	2655.70	-0.42	-0.19	3.95	4.23	1.96	4.29	-381.95	-0.27	-0.36
其他地区	8624.46	0.29	0.44	2.20	2.00	2.96	3.27	-1469.81	0.12	0.04

注：根据GTAP模拟结果整理所得

表3-6 模拟方案四——生产技术效率提高15%的情况下我国及主要国家/地区宏观经济指标变化（2035年）

指标	社会福利（亿美元）	实际GDP（个百分点）	投资（%）	居民消费（%）	政府消费（%）	总出口（%）	总进口（%）	贸易平衡（亿美元）	贸易条件（%）	CPI（%）
澳大利亚	526.50	0.46	2.33	0.88	0.87	0.03	2.84	-61.20	0.31	0.42
新西兰	57.80	0.34	1.62	0.81	0.74	2.43	2.29	-3.81	-0.11	0.35
中国	19127.91	-0.37	5.52	5.12	6.16	1.41	4.40	288.78	-0.55	-0.24
日本	574.02	0.67	-0.91	1.29	1.23	0.28	1.23	45.78	0.46	0.58
韩国	538.04	0.68	1.96	2.22	2.19	0.17	2.19	-57.92	0.43	0.48
印度	1766.07	0.03	4.56	3.18	3.30	0.24	4.21	-336.77	-0.06	0.01
墨西哥	51.44	-0.13	-3.18	-0.43	-0.50	0.26	-0.72	109.03	-0.14	-0.12
美国	-3453.12	0.13	15.33	-3.37	-3.41	0.79	-5.43	2090.04	0.07	0.13
加拿大	389.14	0.11	1.02	0.49	0.49	0.14	1.28	-53.14	-0.05	0.13
英国	604.87	0.60	0.54	1.36	1.30	-0.04	1.63	-54.97	0.27	0.51
欧盟	2981.61	0.54	-0.04	0.57	0.50	0.96	1.09	-75.61	0.17	0.44
东盟	2655.68	-0.42	4.26	3.95	4.23	1.96	4.29	-381.96	-0.27	-0.36
其他地区	8624.39	0.29	2.90	2.20	2.00	2.96	3.27	-1469.86	0.12	0.04

注：根据GTAP模拟结果整理所得

值得注意的是，方案三中贸易便利化程度提高30%、50%两种情况下，对中国GDP增速、居民消费、社会福利、政府消费等宏观经济指标的影响差异不大，但在投资方面差异明显，贸易便利化程度提高30%使得2035年中国的投资增长5.52%，而贸易便利化程度提高50%使得2035年中国的投资降低0.38%。方案四中奶业生产技术效率提高5%、10%和15%三种情况下，中国社会福利均呈逐年增长趋势，奶业生产技术效率提高15%使得中国社会福利从2025年的10188.36亿美元增长到2035年的19127.91亿美元，居民消费在2025—2035年呈现倒"U"形增长，2025年居民消费增长5.41%，2030年增长5.53%，2035年增长5.12%。

（三）自给率模拟结果分析

本章所使用GTAP数据来测算的宏观经济指标及奶源自给率均基于价值量的数据。2019年，GTAP模型中推演的我国奶源自给率为59.4%，比前文现实中测算的2019年65.9%的自给率低了6.5个百分点。

本书以2019年自给率为基准进行未来15年奶源自给率变化推演。从表3-7所示的模拟结果来看，在维持其他条件不变的前提下，随着乳制品进口关税逐步下降，我国奶源自给率呈现不断下降的趋势，到2035年关税降至0时，我国奶源自给率从2025年的48.95%水平降至39.35%，下降了9.60个百分点，说明假定生产技术效率、贸易便利化等条件不变的情况下，只要下调我国乳制品进口关税，无论程度如何均不利于我国保障奶业自给率70%的水平。不同关税下调比例对奶源自给率的影响没有显著差异，原因是我国乳制品关税已经处于较低水平，仅为全球平均乳制品关税水平的28.1%，在关税已经很低的基础上下调关税，造成不同下调水平对奶源自给率的影响差异化不大。

表3-7 不同政策情景对我国奶源自给率的影响

（2025年、2030年、2035年）

奶源自给率	S1降低关税				S2贸易便利化提升		S3生产技术效率提升		
	降至0	10%	30%	50%	30%	50%	5%	10%	15%
2025年	48.97%	48.94%	48.95%	48.95%	48.97%	49.01%	48.97%	48.99%	48.99%
2030年	43.15%	43.14%	43.14%	43.14%	51.06%	43.17%	51.06%	51.08%	51.08%
2035年	39.35%	39.34%	40.47%	39.35%	53.44%	39.36%	53.46%	53.46%	53.46%

注：根据GTAP模拟结果整理所得

在其他条件不变的前提下，贸易便利化程度提升30%，使得我国奶源自给率从2025年的48.97%提高到2035年的53.44%，提高了4.47个百分点，而在贸易便利化程度提升50%的情景下，奶源自给率却呈现了逐年下降的趋势，从2025年的49.01%降至2035年的39.36%，降低了9.65个百分点。分析其中原因，贸易便利化程度提升了乳制品通关的速度，使运输条件更为便利，消费者可以更快速、更便利地购买到国外乳制品，国外乳制品竞争力增强，贸易便利化对我国乳制品消费主要通过竞争效应发挥作用，贸易便利化加速国内乳企乳制品与国外乳制品的市场竞争，进一步刺激国内乳企乳制品升级，为消费者提供质优价廉的产品，提高了国内的供给量；而当贸易便利化程度提升50%时，国外乳制品进入中国市场的时间进一步缩短，与国内乳制品生产到消费的时间更接近，对乳制品这种生鲜产品来讲，奶源的品质得到了很大的提升，国内乳制品正处于消费升级阶段，国外乳制品本来就具有价格优势，选择国外"质优价廉"的乳制品，既丰富了消费者的选择，又提高了消费者的效用水平，所以导致奶源自给率下降。

假定保持其他条件不变，提升国内奶业生产技术效率将使奶源自给率不断提升，比如奶业生产技术效率提高15%，到2025年、2030年、2035年，奶源自给率将分别达到48.99%、51.08%、53.46%，在此期间奶源自给率提高了4.47个百分点，但仍然低于2019年的自给率水平。具体而言，奶业生产技术效率提高5%、10%和15%的不同模拟情景，对奶源自给率的提升差异影响不大。2019年，我国百头以上的奶牛规模化养殖比重占64.0%，并且奶牛养殖规模化程度不断提高，2020年规模化养殖比重将接近70%；蒙牛和伊利等乳品巨头已经使用了国际最先进的奶业生产技术,奶牛单产已达7.8吨,因此本模型模拟结果显示,虽然提高奶类生产技术效率可以提高奶源自给率,但技术效率提升空间有限,企业投入生产必将加大投资,生产技术效率存在边际效用递减,即便是生产技术效率还有增长空间,但对产出的影响不大,所以对提高自给率的作用不明显。

(四)奶源目标自给率(70%)的探索

要达到70%的奶源目标自给率将需要采取现实中几乎不可能的超常规手段,为探索实现我国奶源目标自给率的相关政策工具,在进行了以上单一政策的基本情景模拟后,本研究又设定了多种政策组合(包括一些极端政策)模拟。本章继续模拟乳制品进口关税、贸易便利化、奶业生产技术效率三个变量的13种政策组合(见表3-8),同时,更加强调政策强度对模拟结果的影响,以此来考察奶源自给率的变化情况。

表3-8 奶源目标自给率的政策探索组合

政策组合项目	具体政策情景设定	此情景下长期的自给率模拟效果
贸易便利化+生产率	贸易便利化提高30%;生产率提高5%	呈下降趋势
贸易便利化+生产率	贸易便利化降低30%;生产率提高10%	
贸易便利化+生产率	贸易便利化降低30%;生产率提高15%	

续表

政策组合项目	具体政策情景设定	此情景下长期的自给率模拟效果
关税+贸易便利化+生产率	关税提高20%；贸易便利化降低10%；生产率提高10%	呈下降趋势
关税+贸易便利化+生产率	关税提高50%；贸易便利化降低50%；生产率提高30%	
关税+生产率	关税提高20%；生产率提高10%	
关税+生产率	关税提高50%；生产率提高30%	
关税+生产率	关税提高50%；生产率提高50%	
关税+贸易便利化	关税降低50%；贸易便利化提升30%	
关税+贸易便利化	关税降低50%；贸易便利化提升50%	
关税+贸易便利化	关税提高50%；贸易便利化降低50%	
所有国家关税控制	加征400%的关税	未达目标自给率
所有国家关税控制	加征100%的关税	

注：根据GTAP模拟结果整理所得

总的来说，在各种组合政策的冲击下，我国奶源目标自给率与当前目标自给率差距较大，难以实现70%的目标。结果表明：在当前关税、贸易便利程度和奶业生产技术效率不变的条件下，到2035年，我国的奶类自给率为57.40%，远低于70%的目标自给率；仅对4个乳制品主要进口国家和地区进行关税政策冲击，包括澳大利亚、新西兰、美国和欧盟，奶源自给率均呈下降趋势，有可能通过其他国家进行转口贸易进入我国，是导致奶源自给率下降的可能原因。进一步对除中国以外的所有国家进行加征关税政策冲击，假定其他条件不变，通过加征关税400%和100%，到2035年奶源自给率分别为57.70%和57.53%，依然无法达到目标自给率。关税提高理论上可以抵御国外乳制品进口、提高奶源自给率，但模拟结果显示，提高关税政策对提升奶源自给率的影响不大，说明消费者对进口乳制品的需求不仅受进口价格优势的驱动，还可能受国产乳品消费信心不足的影响。

  显然，不论哪种方法，要想提升奶源自给率，都需要采取非常规措施，并且从短期和长期的模拟结果来看，加征关税、提高贸易便利化程度、提升生产技术效率等政策均不能使奶源自给率达到目标70%的水平。在当今的国际贸易环境下，提高乳制品关税的政策措施不仅很难实施，而且一定会给我国的消费者带来巨大的福利损失，还可能对本国奶业的长期健康发展造成反作用，特别是考虑到时间维度的问题，当前的奶源目标自给率更加无法实现，甚至会影响其他生产部门。据CapSiM模型研究，到2035年，我国乳制品市场依然具有巨大的增长和利润空间，但这巨大利润的获得取决于乳制品贸易伙伴的贸易政策以及国内奶业发展政策。一方面我国土地资源稀缺，面临着土地充裕国家的乳制品价格优势的进口压力；另一方面受新西兰、澳大利亚及美国等主要国家优质乳品的进口压力，两方面作用下，导致我国奶业的发展空间受到挤压。模拟结果表明，采取乳制品的贸易保护措施实际上比较困难，并且从短期和长期来讲，难以实现预期的奶源目标自给率。

五、本章小结

本章详细考察了奶源自给率的实现路径，在保持其他条件不变的情况下，分别模拟了降低乳制品关税税率水平、提高贸易便利化程度、提高奶业技术生产效率3种不同政策情景和冲击强度下，2025年、2030年和2035年我国居民的社会福利、居民消费、GDP等宏观指标以及奶源自给率的变化趋势，总结了未来提高奶源自给率的路径，提出相关政策建议。主要研究结论可概括如下：

第一，研究发现，各种政策组合干预均不能使我国奶源自给率达到70%的目标自给率水平。首先，到2035年，乳制品关税降为0使我国奶源自给率从2025年的48.97%降至39.35%，下降9.62个百分点，不同关税下调比例对奶源自给率的影响没有显著差异，说明在关税已经很低的基础上下调关税，对奶源自给率的影响差异化不大，均不利于提高自给率。其次，在其他条件不变的前提下，贸易便利化程度提升30%，使得我国奶源自给率从2025年的48.97%提高到2035年的53.44%，贸易便利化程度提升使消费者可以更快速地购买到国外乳制品，加速国内乳企与国外乳制品的市场竞争，通过竞争效应发挥作用，进一步刺激国内乳企乳制品升级，从而提高国内供给量。最后，提高奶业生产技术效率可以有效提高奶源自给率，从模拟的结果来看，到2035年，奶业生产技术效率提高15%，奶源自给率将达到53.46%，比2025年提高了4.47个百分点，但仍低于2019年59.4%的水平。虽然提高奶类生产技术效率可以提高奶源自给率，但技术效率提升空间有限，企业投入生产必将加大投资，生产技术效率存在边际效用递减，即便是生产技术效率还有增长空间，但对产出的影响不大，所以对于提高自给率的作用不明显。

第二，乳制品整体关税水平下调对2035年我国GDP增速的影响为负，乳制品关税降为0使我国GDP总量从2025年提高0.04个百分点，转为2030年下降0.1个百分点，到2035年实际GDP下降0.37个百分点；此种情景下分别使新西兰、澳大利亚、欧盟和美国的GDP上升0.34、0.46、0.54和0.13个百分点；同时促进了我国居民消费、政府消费，社会福利和投资呈正向带动作用。贸易便利化程度提高50%使得2035年中国的GDP总量下降0.37个百分点，中国社会福利达到19127.41亿美元，我国总进口和总出口比重分别提高4.40%和1.41%，居民消费增长5.13%、政府消费提高6.16%。奶业生产技术效率提高15%使得中国和主要奶类进口国和地区的总进口出现不同程度的提高，同时中国及大部分国家和地区的社会福利提高。从模拟的结果来看,奶业生产技术效率提高15%使得中国社会福利从2025年的10188.36亿美元增长到2035年的19127.91亿美元,居民消费在2025—2035年呈现倒"U"形增长。

第三,通过设定了多种政策组合,特别是一些极端政策的模拟方案,研究发现,各种政策组合干预均不能使我国奶源自给率达到70%的目标自给率水平。就目前我国奶源供需情况来看,短期内进行一些极端的政策措施,如增加贸易壁垒(关税或非关税壁垒);降低贸易便利化程度,如增加通关手续和流程(降低通达效率);加大对奶源生产端的科技投入,以提升生产技术效率,可以提升奶源自给率,但会导致宏观经济指标降低,GDP降幅超过0.3%,由此带来投入产出的效率低下。长期来看,进行极端的政策刺激不会改变奶源自给率不增长的趋势,在各种组合的政策模拟下,2030年和2035年奶源自给率最高只能分别达到43.56%和39.74%,从总体上看,奶源自给率趋于40%;对除我国以外的所有国家和地区加征关税400%和100%,2035年奶源自给率也仅能达到55.70%和57.53%,与目标自给率还有一定差距。因此,多种政策干预模拟不能使我国奶源自给率达到目标水平,这主要是由我国资源禀赋、生产技术和现阶段消费供需矛盾所决定的。

第四章

目标自给率实现对资源环境影响的实证分析

据《中国农业展望报告（2022—2031）》，预计2031年，我国奶类消费量将达8957万吨，国内外众多学者对于奶类消费需求和变化趋势的研究也一致认为未来中国奶类消费将继续保持增长。在奶业振兴与"双碳"目标的双重背景下，绿色是奶业高质量、可持续发展的迫切需求，如何看待日益增长的奶类消费需求对资源环境的影响以及生态保护问题，已经受到政府和学界的广泛关注。

近年来，国务院办公厅、农业农村部等围绕奶业做强做优先后出台一系列指导意见和行动方案，确立了70%自给率的保障目标，然而近年来奶源自给率已跌破国家安全保障目标。在缺乏核心竞争力、奶源自给率连续多年低于目标的背景下，还未有研究探讨如果真的实现目标自给率将会给我国带来怎样的生态环境负荷？我国生态环境承载能力是否能支撑目标自给率的实现？不同自给率目标所需生产性土地面积、虚拟水资源消耗以及碳排放情况如何？对上述问题的回答，关系到我国未来奶业供给保障规划，本章将从资源环境角度为政府部门决策提供科学依据和决策参考。

随着人民生活水平的提高和营养健康意识的增强，奶类消费需求不断增长与消费结构升级，这将不可避免地带来土地资源、水资源消耗及温室气体排放。研究表明，奶类是动物性食物中温室气体排放较高的一类食物，乳制品加工深度的提高会增大生态足迹系数，奶牛大规模养殖会对草场、土地、水资源产生负面影响。已有大量研究采用足迹理论与模型，分析我国城乡居民食物消费对资源环境产生的影响效应、测算食物消费足迹系数或探讨食物消费模式转型升级所带来的生态环境负荷变化。本章基于未来奶类需求测算结果，运用足迹理论与方法分析探讨未来实现70%目标自给率带来的生态环境负荷，进一步对比分析实现不同自给率所需的生产性土地面积、虚拟水资源消耗、碳排放情况，并在此基础上，讨论我国生态环境承载能力是否能够支撑目标自给率实现。最后，提出保障国内供给的政策优化建议，以期对奶业振兴中面临的资源环境约束问题作出回应。

一、研究方法与数据来源

奶类作为食物的重要种类，是人民生活最基本的物质需求，是优质蛋白质、钙质的良好膳食来源。但奶类消费也会不可避免地带来土地资源、水资源消耗及温室气体排放。已有大量研究采用足迹理论与模型，分析我国城乡居民食物消费对资源环境产生的影响效应，或探讨食物消费模式转型升级所带来的生态环境负荷的变化。足迹研究逐渐成为生态经济学、资源与环境经济学以及可持续发展领域的热点研究问题。其中，生态足迹、水足迹、碳足迹和氮足迹是评估人类活动产生的生态环境影响的重要指标（吴燕等，2011），其研究方法也被广泛应用在食物消费与农产品生产环境的研究中。尽管已有部分文献测算了食物消费的生态足迹、水足迹、碳足迹系数及其环境负荷，但其关注点在于科学测算不同食物的足迹系数，还未有研究从宏观产业发展规划层面探讨奶类不同目标自给率的实现对资源环境的影响。

简单来讲，所谓食物消费的生态足迹（Ecological Footprint，EF）、水足迹（Water Footprint，WF）、碳足迹（Carbon Footprint，CF）通常分别被定义为，在给定人口和经济条件下，单位各类食物消费所需的生产性土地面积（hm^2kg^{-1}）、累计虚拟水含量（m^3kg^{-1}）、直接和间接的二氧化碳排放当量（$kgCO_2\text{-}eqkg^{-1}$）。本章在借鉴既有研究成果的基础上，采用生态足迹法、水足迹法、碳足迹法，分别量化测度实现不同目标自给率的资源环境负荷及其动态变化。

（一）生态足迹测算模型

生态足迹的概念最先由Rees和Wackernegel提出。正如Simmons等（2000）所指出，生态足迹是在给定人口和经济条件下，能够持续地提供资源消费和吸收废弃物所需的具有生物生产性的土地面积。因而生态足迹分析是从具体的生物物理量角度，研究自然资本消费的生物生产性土地面积，其中最为集中的足迹类别具体包括农田、牧场、森林、建成土地、渔业和石化能源土地，它们共同构成了给定系统的总生态足迹（TEF，单位：ghm[①]）。通过生态足迹分析，一方面可以量化各类资源消耗与生产所占的土地面积，另一方面可以评估特定人类活动需要和消耗多少生物承载力等问题。目前，在国内外研究中，已有诸多学者利用生态足迹方法，精确测算或预测满足国家层面、区域层面、家庭层面等食物消费所需的生产性土地面积。

本书借鉴陈冬冬和高旺盛（2010）、曹淑艳（2014）、林永钦（2019）等研究，综合采用产品生命周期理论与物质流分析技术，从投入与产出两个维度，核算牛奶生态足迹系数。在投入端，首先将牛奶生产整个过程所投入的物质流分解为两大类：一是原料流，指生产性投入品，即以饲草和

[①] ghm^{2}是以全球某类土地（这里指耕地和草地）的平均生产力为基准表达的"公顷"面积单位。

饲料为主要原料流；二是能源流，指生产过程直接消耗的电力、燃油、煤炭等化石能源流。在产出端，牛奶生产系统产出的物质流则包括产品流和废物流。其中，废物流主要是指二氧化碳的排放。奶牛养殖的饲草、饲料生产需要占用一定数量的土地生态资源，如耕地、草地、建设用地等，考虑到建设用地在牛奶生态足迹中占比很小，研究时将其忽略不计。因此，在核算生态足迹时不仅要考虑生产直接占用的土地，同时还要考虑中和能源等物质流碳排放间接占用的土地。本研究中生态足迹模型的计算步骤如下：

第一步，计算单位牛奶的直接生态足迹系数。直接生态足迹系数是指生产单位牛奶投入的饲草、饲料等物质流所占用的耕地、草地足迹：

$$EFI_{1i} = \sum \frac{C_i^{NPP}}{Y_i} \times EQF_i \qquad (4.1)$$

其中，i代表土地类型（如耕地、草地）；C^{NPP}代表牛奶生产对某类土地利用的净初级产品生产力的需求系数；Y代表各类土地资源的初级产品平均生产力因子；EQF代表各类土地资源的均衡因子。

第二步，计算单位牛奶的间接生态足迹系数。间接生态足迹系数是指中和、吸收牛奶生产、加工、运输等整个生命周期过程中碳排放所占用的土地足迹系数：

$$EFI_2 = \sum TCF \times \frac{1}{r} \qquad (4.2)$$

其中，TCF代表牛奶生命周期的综合折碳系数；r为林地碳汇能力因子。中国林地年现实生产力为1.7 t/hm²，按含碳量50%计算，吸收二氧化碳（CO_2）的能力为0.85 tC/hm²。但是，依据国内热带山地雨林生态系统的碳平衡计算，林地每年对大气CO_2固定量为1.366 tCO_2-eq/hm²，折合C为0.3725 tC/hm²（李意德等，1999）。虽然这一数据远低于国际上直接用林地年蓄积量表示的森林碳吸收能力0.95 tC/hm²，但是该因子客观地反映了能源释放CO_2所需的生态用地，因而本章借鉴陈冬冬、高旺盛（2010）的做法，采用0.3725 tC/hm²作为我国林地的碳汇因子。

第三步，计算不同目标自给率下的总生态足迹：

$$TEF_{jt} = M_j \times Q_t \times (EFI_{1,i} + EFI_2) \tag{4.3}$$

其中，M_j代表目标自给率j；Q_t代表t年牛奶需求量；TEF_{jt}代表t年实现目标自给率j的总生态足迹。

（二）水足迹测算模型

水足迹的概念于2002年前后被提出，根据Hoekstra的定义，一般是指人类消费的所有产品（包括各类服务）需要消耗的直接或间接虚拟水资源的数量。事实上，虚拟水的概念早在1993年就由伦敦大学的John Anthony Allan教授提出了。所谓"虚拟水"，又称"内嵌水"，是指生产商品所需要消耗的水资源，包括直接水资源与间接水资源，是以看不见的、虚拟的形式蕴含在产品当中。以牛奶为例，生产1公斤牛奶需要1000升的虚拟水（朱兵和赵容萱，2014）。从2008年开始，水足迹得到了社会的广泛关注，并建立了一个系统、科学、符合各方利益的水足迹评估框架（Water Footprint Network, WFN）。2011年，荷兰屯特大学Hoekstra教授团队发布了 The Water Footprint Assessment Manual（《水足迹评价手册》）报告，这是全球第一部有关水足迹测量的标准。该标准的原理是基于"从摇篮到坟墓"的全生命周期理论（Life Cycle Assessment, LCA）。一般而言，水足迹可以作为水资源消耗量的指标，以淡水占用指标为评估对象，同时测算出每单位时间用水量和污染量，还能够反映出消耗水资源的水源类型，系统、全面地评价一个国家或地区水资源的占用情况。水足迹测度既可以针对特定的过程或产品，也可以针对明确界定的生产者或消费者，考察从个人到国家（地区）尺度的生产、消费水资源情况，了解生产、消费和国际贸易模式与用水之间的关系，也就是对水资源需求的影响（尚海洋和宋妮妮，2018；许菲等，2018）。

由此，水足迹通常包括直接消耗与间接消耗。在现有的奶类水足迹相关研究中，学者们主要关注乳业供应链的上游，即饲料生产和牛奶生产阶段的水资源消耗问题。在本章中，牛奶消费的水足迹包括直接耗水和间接耗水两部分。其中，直接耗水界定为奶牛饲养及牛奶生产加工过程中的直接耗水，如奶牛饮用、牛舍冲洗和一般用水；间接耗水，即草饲料等原料以及饲养、生产加工过程中耗能生产所需的耗水。何开为等（2015）利用Shannon-Wiener指数法，以云南省城乡居民为例，对居民膳食结构的水足迹特征进行了评价，并运用灰色关联法对各类膳食食品消耗与膳食水足迹消耗总量进行了关联分析；吴燕等（2011）基于水足迹理论模型，根据北京食物消费现状，利用改进后的均衡因子和单位质量虚拟水含量等关键参数，重新计算得出了居民食物消耗的水足迹；许菲等（2018）基于Mekonnen对我国肉类产品的水足迹核算，依据肉类消费结构对猪牛羊及水产品水足迹系数进行修正，估算出肉类消费的水足迹。

通过上述研究发现，牛奶水足迹包括直接耗水量、间接耗水量，直接消耗即奶牛养殖过程的直接耗水，间接耗水即饲料、能源生产的耗水。考虑到相关计算参数难以获取，本章借鉴熊欣等（2018）的做法，直接采用由巴里拉食品与营养中心（Barilla Center for Food and Nutrition，BCFN）提供的食品-环境金字塔模型（DFEP）足迹数据库作为奶类水足迹系数的初始依据，并根据国内相关研究（吴燕等，2012；张丹等，2016）进行修正。由此，不同目标自给率下的总水足迹为：

$$TWF_{jt} = M_j \times Q_t \times WFI \qquad (4.4)$$

其中，M_j 代表目标自给率；Q_t 代表 t 年牛奶需求量；WFI

代表牛奶水足迹系数。

（三）碳足迹测算模型

全球气候变暖越来越受到关注，由于气候变化由以CO_2为主的温室气体过度排放所导致，使得碳足迹逐渐演变成一个独立的概念。碳足迹通常被定义为由人类直接或间接活动引起的，或在产品的生命阶段积累的CO_2排放量。在理论研究和社会实践中，碳足迹测算适用于不同的主体、过程、产品、企业、行业部门以及各种活动和组织的整个供应链（或所有生命周期阶段）。目前，国际上碳足迹的核算方法包括：自下而上、自上而下、自上而下与自下而上混合3种。自下而上法，是基于产品的生命周期（LCA法）估算产品的碳足迹，所得的结果相对精确，但对于数据的要求较高，计算过程很容易中断。自上而下法，主要采用环境扩展的投入产出模型（Environment Expansion Input and Output Analysis，EE-IOA），通过投入产出表所揭示的一国国民经济不同部门与最终消费、不同国家之间的相互经济依存关系，测算国家、地区、部门间的碳足迹。最后，混合法是将以上两种方法结合，既具有LCA法的过程精细特性，又保留了EE-IOA系统的完整性与准确性。

高巍等（2020）采用NUFER-aninal模型计算了生产单位牛奶产品的种植系统温室气体排放指标，其中温室气体排放占养殖系统总排放量的71%~82%，是牛奶生产的主要环境污染环节。张丹等（2016）通过基于过程分析法的碳足迹计算公式测算了北京市城镇居民主要食物的碳排放量，经测算得到奶类的碳排放系数为1.19；吴燕等（2012）利用生命周期法计算分析北京市居民食物消费的总体碳足迹为476.8×10⁴tCO₂、人均碳足迹为310×kgCO₂，其中奶及奶制品生产总体碳排放为36.89×10⁴tCO₂、人均碳排放为23.98kgCO₂。王晓（2013）的研究则不同，核算农业温室气体排放发现奶类是动物性食物中温室气体排放较高的一类。Steinfeld等（2006）的研究提出动物食品消费所涉及的温室气体排放量占全球总排放量的18%。

本章综合参考安玉发等（2009）、张丹等（2016）研究的做法，将直接碳排放分解为两部分：一是饲料物质流折算成粮食生产造成的直接碳排放，即饲料种植环节生产单位质量牛奶所需作物饲料的种植过程中温室气体（CO₂当量）产生的排放量；二是奶牛肠胃道内发酵、粪便管理系统等所引起的甲烷（CH₄）和一氧化二氮（N₂O）的排放，即养殖环节生产单位质量牛奶产生的CO₂当量排放和氨挥发。根据王效琴等（2012）的研究，采用LCA生命周期评估法，将牛奶生命周期界定为从饲料生产到农场大门全过程，将全过程的碳足迹分解为饲料生产、肠道发酵、粪便管理三个部分，具体通过以下三步计算得到。

第一步，饲料物质流生产加工造成的直接碳排放：

$$CFI_1 = \theta \times ef \qquad (4.5)$$

其中，θ代表饲料粮食间接投入系数；ef代表饲料生产综合折碳系数。

第二步，畜禽肠胃道内发酵所引起的CH_4排放，以及粪便管理系统中所导致的CH_4和N_2O的排放。

$$CFI_2 = \sum \frac{1}{S} \times ef_{N_2O} \times w_1 + \sum \frac{1}{S} \times ef_{1,CH_4} \times w_2 + \sum \frac{1}{S} \times ef_{2,CH_4} \times w_2 \qquad (4.6)$$

其中，S代表一头牛的年平均产奶量，借鉴王效琴等（2012）的研究，取值6600公斤；w_1代表N_2O的碳折算因子；w_2代表CH_4的碳折算因子；ef_{N_2O}代表粪便管理的N_2O排放系数；ef_{1,CH_4}代表肠胃发酵的CH_4排放系数；ef_{2,CH_4}代表粪便管理的CH_4排放系数。

第三步，计算不同目标自给率下的总碳足迹：

$$CF_{j,t} = M_j \times Q_t \times (CFI_1 + CFI_2) \qquad (4.7)$$

其中，M_j代表目标自给率j；Q_t代表t年牛奶需求量；$CF_{j,t}$代表t年实现目标自给率j的总碳足迹。

（四）相关参数确定

表4-1列出了本研究所涉及的各类足迹测算的相关参数及其数据来源。据此，可以分别计算出单位牛奶的耕地足迹系数、草地足迹系数、林地足迹系数、生态足迹系数、水足

迹系数、碳足迹系数分别为：0.30×10^{-3} ghm²kg⁻¹、0.42×10^{-3} ghm²kg⁻¹、1.11×10^{-3} ghm²kg⁻¹、1.83×10^{-3} ghm²kg⁻¹、2.32 m³kg⁻¹、1.52 kgCO₂-eq kg⁻¹（见表4-2）。

表4-1　相关足迹计算参数及其来源

参数项目	设定值	数据来源
生态足迹测算		
牛奶折粮食系数 C^{NPP}	0.4 kg/kg	陈冬冬、高旺盛（2010）
牛奶折草地系数 C^{NPP}	216 kg/hm²	陈冬冬、高旺盛（2010）
耕地粮食平均生产力	6895.4 kg/hm²	《全国农产品成本收益资料汇编》[①]
耕地均衡因子	5.25	吴燕等（2012）
草地均衡因子	0.09	吴燕等（2012）
林地均衡因子	0.21	吴燕等（2012）
林地碳汇因子	1.366 tCO₂-eq /hm²	李意德等（1999）
水足迹测算		
牛奶水足迹系数	2.32 m³/kg	熊欣等（2018）
碳足迹测算		
奶类饲料粮食投入系数	1.2	安玉发等（2009）
饲料综合碳排放系数	0.24 kgCO₂-eq/kg	王效琴等（2012）
牛肠胃发酵CH₄排放	59.70 kgCH₄/头a	IPCC（2006）、张丹等（2016）
牛粪便发酵CH₄排放	8.75 kgCH₄/头a	IPCC（2006）、张丹等（2016）

① 耕地粮食平均生产力为2009—2018年全国粮食平均生产力均值。

续表

参数项目	设定值	数据来源
牛粪便管理N_2O排放	1.18 kgN_2O/头a	Dubey & Lal（2009）、张丹等（2016）
CH_4碳折算因子	25 kgCO_2-eq/kg	IPCC（2006）、张丹等（2016）
N_2O碳折算因子	298 kgCO_2-eq/kg	IPCC（2006）、张丹等（2016）

注：曹淑艳等系数测算来源于《中国主要农产品生产的生态足迹研究》（2014）；陈冬冬、高旺盛系数测算来源于《近30年来中国农村居民食物消费的生态足迹分析》（2010）

表4-2 本研究测算得到的单位牛奶生产的各类足迹系数

足迹项目	单位	足迹系数值
耕地足迹	$ghm^2 kg^{-1}$	0.30×10^{-3}
草地足迹	$ghm^2 kg^{-1}$	0.42×10^{-3}
林地足迹	$ghm^2 kg^{-1}$	1.11×10^{-3}
生态足迹	$ghm^2 kg^{-1}$	1.83×10^{-3}
水足迹	$m^3 kg^{-1}$	2.32
碳足迹	$kgCO_2$-eq kg^{-1}	1.52

注：根据足迹模型整理所得

二、不同目标自给率足迹测度

（一）生态足迹测度

目前，我国奶牛养殖基本上采用的都是种养分离的养殖模式，这种种养分离的养殖模式的主要缺点是土地生产成本高，饲草饲料成本也很高，已经到了"以土地换发展"的局面。据《中国奶业质量报告2020》数据，2019年，我国百头

第四章
目标自给率实现对资源环境影响的实证分析

以上规模化养殖比重占64%，比2018年提高18.8个百分点，导致奶牛养殖业对土地的依赖性越来越强。土地资源不仅用来给奶牛提供活动场所，牛舍的建设、饲草料生产、排泄物消纳都要占用一定的土地资源。因此，土地供给是奶牛养殖，特别是大规模养殖的刚性需求，要提高我国奶源自给率势必会导致种植养殖规模的不断扩大，对我国土地资源的占用将进一步提升，同时会导致土地承载压力过大和环境污染加重等问题。

为此，利用基于国内折算因子修正的生态足迹模型，对2020—2035年不同目标自给率下奶类消费的生态足迹总量和结构进行宏观估算，可以全面反映未来奶类消费需求的变化对各种土地资源占用情况及其特征。从生态足迹总量来看，图4-1展示了2020—2035年不同目标自给率下生态足迹总量的演变。可以看出，若满足70%的目标自给率，我国居民奶类消费对各类用地的总体占用将从2020年（自给率为65.9%）的0.61亿ghm^2，增加到2035年的0.95亿ghm^2，增幅将达到55.7%，即到2035年需要0.95亿公顷的土地投入才能保证奶类消费的供给。这主要是因为，奶类消费总量将由2020年的5111万吨增至2035年的7436万吨，这表明随着我国居民奶类消费的需求增长，奶类消费的生态足迹逐年增长，说明奶类消费升级转型将导致环境负荷日益加重。

奶源自给率
　　自给率变化模拟及对资源环境的影响

（亿ghm²）

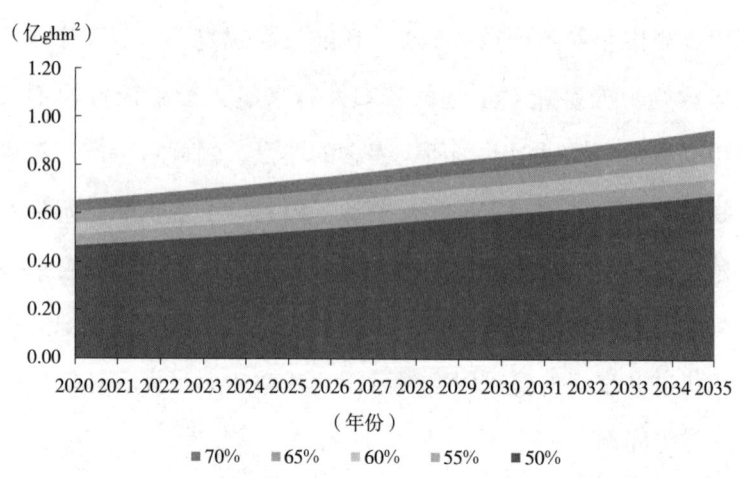

图4-1　2020—2035年不同目标自给率下的生态足迹总量演变趋势

注：数据来源于本章生态足迹的测算结果

表4-3列出了2020年、2025年、2030年和2035年四个关键时间节点不同自给率下的奶类消费生态足迹。可以看出，自给率水平越高，奶类消费的生态足迹也随之提高。前文测算2025年、2035年，国内奶类需求分别将达到5757万吨、7436万吨，在假定乳制品贸易关税和奶类生产技术不变的条件下，若2025年、2035年自给率仍保持在65.9%，届时国内奶类产量需达到3800万吨、4907万吨。如果分别按照2025年、2035年奶源自给率提升至70%，要实现70%的目标自给率所需达到的奶类产量分别为4030万吨、5205万吨。2025年维持当前自给率（65.9%）和目标自给率（70%）所产生的生态足迹分别为0.70亿ghm²和0.74亿ghm²，要达到目标自给率对资源环境的压力将扩大0.04亿ghm²，增幅5.7%；到2035

年，生态资源压力进一步扩大至0.05亿ghm²，但增幅略降，约为5.6%。2035年，实现70%目标自给率的奶类消费生态足迹为0.95亿ghm²，分别比65%、60%、55%、50%自给率的奶类消费生态足迹高出8.0%（0.07亿ghm²）、15.9%（0.13亿ghm²）、26.7%（0.20亿ghm²）、39.7%（0.27亿ghm²）。这表明，随着未来奶类消费的不断增长，若要实现更高水平的目标自给率，则需占用更多的生态资源、投入更多土地资源用于奶业发展。

表4-3　2020年、2025年、2030年和2035年
不同自给率下的生态足迹（亿ghm²）

自给率	2020年	2025年	2030年	2035年
70%	0.65	0.74	0.84	0.95
65%	0.61	0.68	0.78	0.88
60%	0.56	0.63	0.72	0.82
55%	0.51	0.58	0.66	0.75
50%	0.47	0.53	0.60	0.68
65.9%	0.62	0.70	0.79	0.90

注：根据本章生态足迹模型测算结果所得

从生态足迹结构来看，图4-2至图4-6分别描绘了2020—2035年70%、65%、60%、55%、50%自给率下生态足迹结构的演变趋势。可以看出，未来15年，在不同自给率下，中国居民奶类消费的耕地、草地、林地足迹均不断上升。并且，在同一时点上，自给率水平越高，各类足迹越高。其中，耕地足迹在各类用地中占比最小，而林地足迹在各类用地中占

比最大，这主要是因为动物性食物消费在所有食物中碳排放量最大，从而导致需要大量的林地来吸收中和其碳排放。

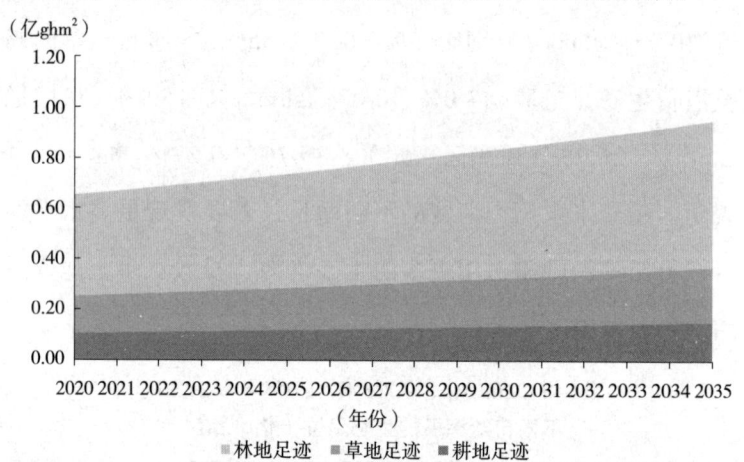

图4-2　2020—2035年70%目标自给率下的生态足迹结构演变趋势

注：数据来源于本章生态足迹的测算结果

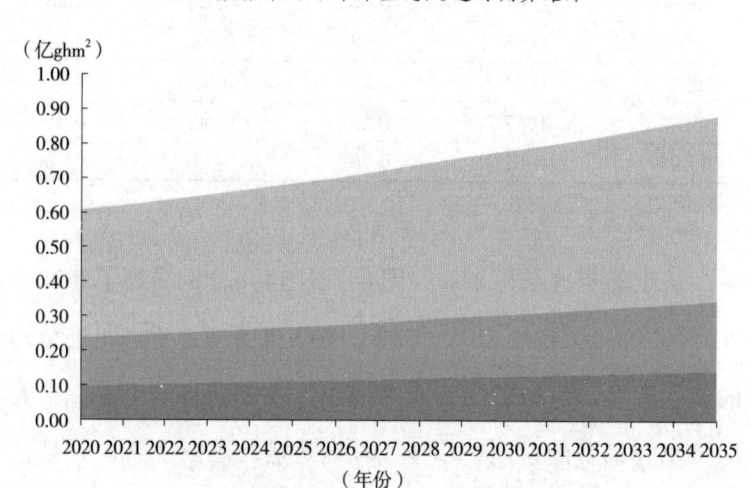

图4-3　2020—2035年65%目标自给率下的生态足迹结构演变趋势

注：数据来源于本章生态足迹的测算结果

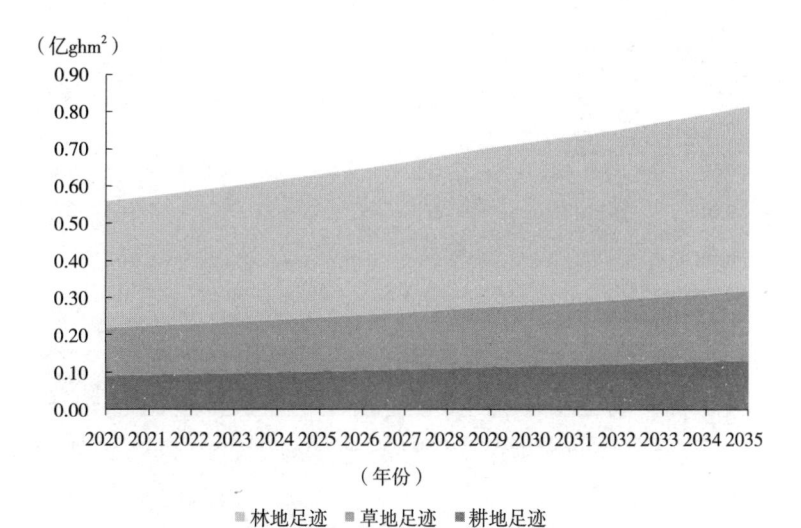

第四章
目标自给率实现对资源环境影响的实证分析

■ 林地足迹　■ 草地足迹　■ 耕地足迹

图4-4　2020—2035年60%目标自给率下的生态足迹结构演变趋势

注：数据来源于本章生态足迹的测算结果

■ 林地足迹　■ 草地足迹　■ 耕地足迹

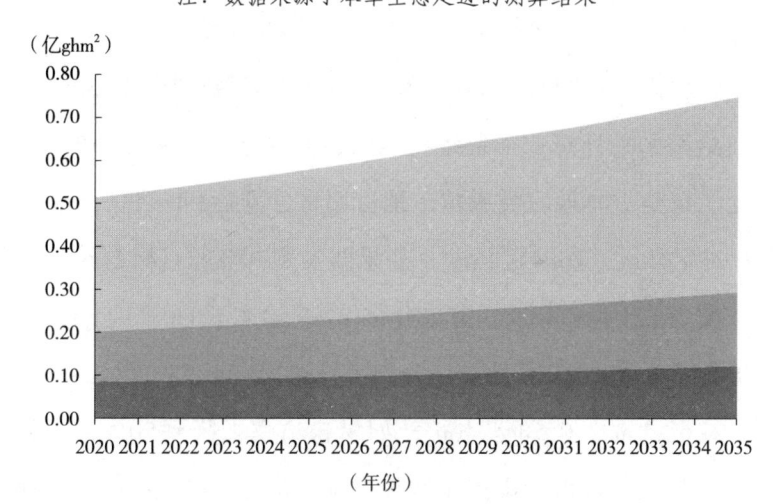

图4-5　2020—2035年55%目标自给率下的生态足迹结构演变趋势

注：数据来源于本章生态足迹的测算结果

(亿ghm²)

■林地足迹　■草地足迹　■耕地足迹

图4-6　2020—2035年50%目标自给率下的生态足迹结构演变趋势

注：数据来源于本章生态足迹的测算结果

从表4-4可以更清晰地看到，以2019年我国奶业65.9%的自给率水平计算，如果维持当前自给率水平，到2035年耕地、草地、林地三类虚拟土地占用将分别达到0.15亿ghm²、0.21亿ghm²、0.54亿ghm²；如果要实现70%的目标自给率，三类虚拟土地占用将由2020年65.9%自给率下的0.10亿ghm²、0.14亿ghm²、0.37亿ghm²，分别增长到2035年的0.16亿ghm²、0.22亿ghm²、0.58亿ghm²；如果自给率下降到50%，则耕地、草地、林地的虚拟土地将大幅下降至0.11亿ghm²、0.16亿ghm²、0.41亿ghm²。这意味着未来将面临更严峻的生态承载压力，尤其是对虚拟林地、草地的占用。

表4-4　2020—2035年不同自给率下的耕地足迹、草地足迹和林地足迹（亿ghm²）

自给率	耕地足迹				草地足迹				林地足迹			
	2020年	2025年	2030年	2035年	2020年	2025年	2030年	2035年	2020年	2025年	2030年	2035年
70%	0.11	0.12	0.14	0.16	0.15	0.17	0.19	0.22	0.40	0.45	0.51	0.58
65%	0.10	0.11	0.13	0.14	0.14	0.16	0.18	0.20	0.37	0.42	0.47	0.54
60%	0.09	0.10	0.12	0.13	0.13	0.15	0.17	0.19	0.34	0.38	0.44	0.50
55%	0.08	0.09	0.11	0.12	0.12	0.13	0.15	0.17	0.31	0.35	0.40	0.45
50%	0.08	0.09	0.10	0.11	0.11	0.12	0.14	0.16	0.28	0.32	0.36	0.41
65.9%	0.10	0.11	0.13	0.15	0.14	0.16	0.18	0.21	0.37	0.42	0.48	0.54

注：根据本章耕地足迹、草地足迹与林地足迹测算结果所得

（二）水足迹测度

水足迹是奶业生产中一项重要的生态环境指标。我国水资源面临供需不平衡、水资源紧缺且水资源质量下降的问题。据统计，我国大约70%以上的水资源都用于农业生产，水资源有效利用率仅为40%，农业领域每日平均缺水量已经超过960万吨；从人均水平来看，我国人均水资源占有量约为2200m³，仅为世界人口水资源平均占有量的24.4%，预计在2030年后，水资源缺口还将进一步增加到400亿～600亿m³（王志云，2020；刘玉明，2020）。近年来，奶业逐步向大规模集约化养殖模式发展，由此给水资源保护带来了越来越大的压力，奶牛养殖与水资源的联系体现在两个方面：一是

生产单位质量的牛奶需要的水资源投入，包括所需饲料的地表和地下水投入、奶牛饮水及清洗圈舍等服务性用水的需求更大；二是奶牛的粪便会对地表和地下水造成污染。提高奶源自给率虽然满足了奶类日益增长的需求，但其对水资源的破坏和消耗问题却不得不重视。

根据我国居民未来15年奶类年消费量和奶类消费足迹系数，本研究预测了2020—2035年不同目标自给率下我国居民人均奶类消费水足迹，同时计算同时期全国奶类消费总量的水足迹。如图4-7所示，随着未来奶类消费的增长，奶类消费所带来的虚拟水资源消耗也在增多，目标自给率水平越高，奶类消费所带来的水资源消耗问题将会越严峻。从人均足迹来看（见表4-5），按照第二章预测的人均奶类消费量计算，若要实现70%的自给率，2020年人均奶类消费水足迹为59.1m^3，到2025年、2030年和2035年，将分别达到65.6m^3、74.1m^{3}和85.1m^3，分别是2020年的1.1倍、1.3倍和1.4倍。

从水足迹总量来看，2019年在65.9%的自给率下我国奶类消费的水足迹总量为765.2亿m^3，若要实现70%的自给率目标，奶类消耗水足迹总量将从2020年的830.0亿m^{3}增长到2035年的1207.5亿m^3，增长率将达到57.8%。这主要是因为，随着人民生活水平的大幅提高，奶类消费的数量在食物中的比重逐步增加，且牛奶作为动物性食物的一种，生产单位质量的奶类所需要的耗水比水产品、植物油、蔬菜和水果等其他食物更高（崔红艳等，2020；吴燕等，2011）。

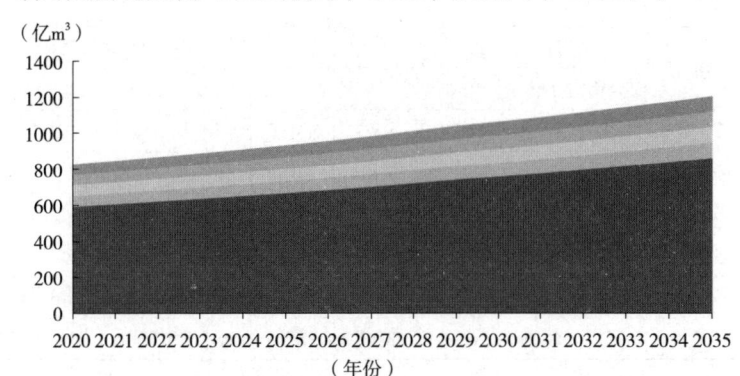

图4-7 2020—2035年不同目标自给率下的水足迹演变趋势

注：数据来源于本章水足迹的测算结果

从与当前自给率（65.9%）的对比来看，表4-5显示了2020年、2025年、2030年和2035年四个时点上不同目标自给率下奶类消费的人均水足迹和总水足迹。以水足迹总量为例，若保持现有的65.9%自给率水平不变，到2025年、2030年和2035年，奶类消费的总水足迹分别为881.5亿m^3、1004.1亿m^{3}和1138.5亿m^3；若要实现70%的目标自给率，则2025年、2030年和2035年奶类消耗水足迹将分别增加至934.9亿m^3、1064.9亿m^{3}和1207.5亿m^3。这意味着，在奶类生产技术不变及其他因素不变的条件下，由目前65.9%的自给率提高到70%的自给率将会导致更多的水资源消耗，额外新增耗水量将由2025年的52.1亿m^{3}增加至2030年的59.5

亿m^3，到2035年将达到69.0亿m^3。

表4-5 2020年、2025年、2030年和2035年不同自给率下的水足迹

自给率	人均水足迹（m^3）				总水足迹（亿m^3）			
	2020年	2025年	2030年	2035年	2020年	2025年	2030年	2035年
70%	59.1	65.6	74.1	85.1	830.0	934.9	1064.9	1207.5
65%	54.9	60.9	68.8	79.0	770.7	868.2	988.8	1121.3
60%	50.7	56.2	63.5	72.2	711.4	801.4	912.8	1035.0
55%	46.4	51.6	58.2	66.9	652.1	734.6	836.7	948.8
50%	42.2	46.9	52.9	60.8	592.8	667.8	760.6	862.5
65.9%	55.7	61.9	69.8	80.2	782.5	881.5	1004.1	1138.5

注：根据本章水足迹模型测算结果所得

（三）碳足迹测度

作为全球最大的碳排放国家，中国早在2009年的哥本哈根气候大会上就提出了到2020年中国单位GDP碳排放强度较2005年下降40%～50%的减缓行动目标。在2015年的巴黎气候大会上，我国又提出了到2030年二氧化碳排放相对于2005年降低60%～65%，并争取实现达峰的目标。2020年9月22日，习近平总书记在第七十五届联合国大会一般性辩论上提到要努力争取2060年前实现碳中和，这意味着，从2020年到2060年这40年间，中国的碳排放要从每年的160亿吨降低到几乎不排放。在全球碳排放总量中，约有30%来自农业部门，尤其是动物性食物碳排放约为植物性食物碳排放的7倍。根据FAO 2010年的研究报告《奶业温室气体排放》显

示，全球奶业温室气体排放量约占人为排放量的4%，其中奶牛生产、加工与运输占2.7%。2018年，国务院出台《关于推进奶业振兴保障乳品质量安全的意见》，当中提到促进全产业链融合与农业绿色发展是推进奶业振兴和提升奶业竞争力的关键。然而，按照前文的测算，目前我国1公斤原奶的温室气体排放量（以CO_2当量计）约为1.52公斤，该排放量高于欧洲国家原奶生产排放量（0.93～1.3公斤），也高于欧洲平均的混合饲养模式原奶（FPCT）的排放量（1.4公斤）。

从图4-8可以看出，未来15年，随着我国居民奶类消费总量的增加，奶类消费带来的碳排放保持持续上升态势。根据上文计算得到的单位奶类碳足迹系数，按照当前65.9%的自给率，2019年我国奶类消费产生的碳足迹为502.10亿tCO_2，人均碳足迹为35.86 $kgCO_2$。本章得到的人均碳足迹是

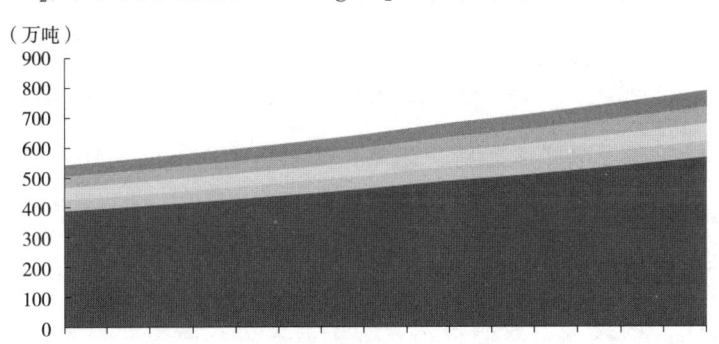

图4-8　2020—2035年不同目标自给率下的碳足迹演变趋势

注：数据来源于本章碳足迹的测算结果

吴燕等（2012）利用生命周期法计算得到的北京市居民奶及奶制品消费人均碳排放（23.98 kgCO$_2$）的1.5倍，原因是在这期间（2012—2019年）我国居民人均奶类消费量增加了5.89公斤/年，增幅达到19.3%。

表4-6显示，以当前自给率65.9%的水平计算，2020年我国奶类生产带来的系统温室气体排放量（以CO$_2$当量计）为512.7亿tCO$_2$，若继续维持当前自给率，到2025年、2030年和2035年奶类消费所产生的碳排放分别会达到577.5亿tCO$_2$、657.8亿tCO$_2$和745.9亿tCO$_2$，分别是2020年的1.1倍、1.3倍和1.5倍。若要达到70%的目标自给率，奶类消费碳排放量将由2020年的543.8亿tCO$_2$依次增加至2025年的612.5亿tCO$_2$、2030年的697.7亿tCO$_2$，到2035年后达到791.1亿tCO$_2$。因此，若2025年、2030年和2035年达到70%的目标自给率，意味着奶类消费的总体碳足迹将要比当前自给率下分别增加35.0亿tCO$_2$、39.9亿tCO$_2$和45.2亿tCO$_2$，且新增额外碳排放量呈现不断扩大趋势。当然，如果自给率下降至50%，那么2025年、2030年和2035年奶类消费的总体碳排放量将比当前自给率下分别减少140.0亿tCO$_2$、159.4亿tCO$_2$和180.8亿tCO$_2$。因此，若要满足未来奶类消费增长需求和目标自给率，奶类食物的生产消费势必会产生更多碳排放，这将给我国农业绿色转型带来压力，也关系到中国2030年碳达峰及2060年碳中和目标的实现，特别是对于河北、内蒙古、山

东、河南及黑龙江等奶业主产区来说，将面临更大的碳减排压力。

表4-6 2020年、2025年、2030年和2035年
不同自给率下的碳足迹（亿t）

自给率	2020年	2025年	2030年	2035年
70%	543.8	612.5	697.7	791.1
65%	504.9	568.8	647.9	734.6
60%	466.1	525.0	598.0	678.1
55%	427.2	481.3	548.2	621.6
50%	388.4	437.5	498.4	565.1
65.9%	512.7	577.5	657.8	745.9

注：根据本章碳足迹模型测算结果所得

三、本章小结

基于前文预测的未来15年我国奶类需求量，本章利用足迹模型测算了不同目标自给率下奶类消费的生态足迹、水足迹和碳足迹的演变趋势，以此评估不同目标自给率所带来的潜在生态环境负荷。

研究发现，未来15年，随着我国奶类消费的不断增长，生态环境压力不断增大。尤其是，目标自给率越高，生态承载压力越大。从土地资源占用总量来看，若满足70%的目标自给率，我国居民奶类消费对各类用地的总体占用将从

2020年65.9%自给率下的0.62亿ghm²增加到2035年的0.95亿ghm²，增幅将达到55.7%，即到2035年需要0.96亿公顷的土地投入才能保证国内奶类供给。从不同土地类型来看，如果要实现70%的目标自给率，耕地、草地、林地三类虚拟土地占用将由2020年65.9%自给率下的0.10亿ghm²、0.14亿ghm²、0.37亿ghm²，分别增长到2035年的0.16亿ghm²、0.22亿ghm²、0.58亿ghm²。这意味着未来将面临更严峻的生态承载压力，尤其是对虚拟林地、草地的占用。

从水足迹来看，若保持现有的65.9%自给率水平不变，到2025年、2030年和2035年，奶类消耗的总水足迹分别为881.5亿m³、1004.1亿m³和1138.5亿m³；若要实现70%的目标自给率，则2025年、2030年和2035年奶类消耗水足迹将分别增加至934.9亿m³、1064.9亿m³和1207.5亿m³。这意味着，在奶类生产技术不变及其他因素不变的条件下，自给率提高到70%将会导致更多的水资源消耗，额外新增耗水量将由2025年的52.1亿m³增加至2030年的59.5亿m³，到2035年将达到69.0亿m³。

从碳足迹来看，若保持当前65.9%的自给率水平不变，到2025年、2030年和2035年奶类消费所产生的碳排放分别达到577.5亿tCO₂、657.8亿tCO₂和745.9亿tCO₂，分别是2020年的1.1倍、1.3倍和1.5倍。若要达到70%的目标自给率，奶类消费碳排放量将由2020年的543.8亿tCO₂依次增加至2025年的

第四章
目标自给率实现对资源环境影响的实证分析

612.5亿tCO_2、2030年的697.7亿tCO_2,到2035年后达到791.1亿tCO_2。这意味着,奶类消费的总体碳足迹将要比当前自给率下分别增加35.0亿tCO_2、39.9亿tCO_2和45.2亿tCO_2,且新增额外碳排放量呈现不断扩大的趋势,这将会给我国畜牧业绿色转型带来巨大的减排压力。

我国牛奶生产逐步向资源节约型发展,生产单位牛奶的资源环境投入均呈现下降趋势,但在国际上仍然处于较高水平。奶牛养殖业对土地的依赖性较大,要提高我国奶源自给率势必会导致种植养殖规模的不断扩大,对我国土地资源的占用将进一步提升,同时还会导致土地承载压力过大和环境污染加重等问题。我国面临水资源供需不平衡、水资源紧缺且水资源质量下降的问题。近年来,奶业逐步向大规模集约化养殖模式发展,由此给水资源保护带来了越来越大的压力,提高奶源自给率虽然满足了奶类日益增长的需求,但其对水资源的破坏和消耗问题却不得不重视。满足奶类消费增长需求和目标自给率,奶类食物的生产势必会产生更多的二氧化碳,奶类作为碳足迹的一大"生产者",将会给我国的农业生产带来压力,特别是对于河北、内蒙古、山东、河南及黑龙江等奶业主产区。除此之外,城市居民碳排放量高于农村居民,包装精美、异地、反季节食品和跨地区的各种交通方式的运输也会增加奶类消费碳排放。提高奶源自给率将为我国资源环境带来压力与挑战。

第五章

结论与启示

奶源自给率的实现路径不仅需要对未来奶类需求进行准确预判，明晰国内供需缺口，模拟奶源自给率提升的有效政策途径，更需要定量测算实现国家70%目标自给率将给我国带来的生态环境负荷。基于全球贸易自由化大背景，我国主要乳制品进口国的关税水平与现行政策，从乳制品进口关税、贸易便利化和奶业生产技术效率出发，设定3种模拟方案，对我国奶源自给率影响及全球乳制品贸易产生的影响进行定量模拟研究。同时，近年来我国农业可持续发展，资源环境压力还在进一步加大，水资源紧张、土壤污染严重，可持续发展要求日益迫切。2019年，人均水资源占有量2048m^3，已经持续4年下降，是世界平均水平的四分之一。2017年我国人均耕地面积不足1.46亩，耕地总量已连续5年减少，年均减少105.83万亩，不到世界平均水平的二分之一（《中国统计年鉴（2019）》）。当前绝大多数研究从食物消费（奶类消费）角度对环境污染及资源利用开展，忽略了从目标自给率实现的角度评估对资源环境的影响。因此，本书的研究结论为如何实现目标自给率、是否应该保障70%的目标自给率，以及实现目标自给率带来的生态压力，为未来我国奶业的决策提供参考。

基于前人的研究基础，本书以奶源自给率现状及目标为基础，综合运用消费需求模型、GTAP模型以及足迹理论与分析方法，对未来我国奶类消费趋势及需求进行了预测，并进一步模拟分析不同政策措施对奶源自给率的影响，并在此基础上考察了实现目标奶源自给率对资源环境的影响，以及是否存在奶源自给率的实现路径。

一、结论

（一）提升目标奶源自给率的路径结论

基于GTAP模型，分别从降低乳制品关税税率水平、提高贸易便利化程度、提高奶业生产技术效率3种不同政策情景和冲击强度下，模拟了2025年、2030年和2035年我国奶源自给率的变化趋势以及居民的社会福利、居民消费、GDP等宏观指标变化，总结了未来提高奶源自给率的路径，主要研究结论如下。

第一，研究发现，各种政策组合干预均不能使我国奶源自给率达到70%的目标自给率水平。首先，到2035年，乳制品关税降为0时，我国奶源自给率从2025年的48.95%降至

39.35%，下降了9.6个百分点，不同关税下调比例对奶源自给率的影响没有显著差异，说明在关税已经很低的基础上下调关税，对奶源自给率的影响差异化不大，均不利于提高自给率。其次，在其他条件不变的前提下，贸易便利化程度提升30%，使得我国奶源自给率从2025年的48.97%提高到2035年的53.44%，贸易便利使消费者可以更快速地购买到国外乳制品，加速国内乳企乳制品与国外乳制品的市场竞争，并通过竞争效应发挥作用，进一步刺激国内乳企乳制品升级，从而提高国内供给量。最后，提高奶业生产技术效率可以有效提高奶源自给率，从模拟的结果来看，到2035年，奶业生产技术效率提高15%，奶源自给率将达到53.46%，比2025年提高4.47个百分点，但仍低于2019年59.4%的水平。虽然提高奶类生产技术效率可以提高奶源自给率，但技术效率提升空间有限，企业投入生产必将加大投资，生产技术效率存在边际效用递减，即便是生产技术效率还有增长空间，但对产出的影响不大，所以其对于提高自给率的作用不明显。

第二，乳制品整体关税水平下调对2035年我国GDP增速的影响为负，乳制品关税降为0使我国GDP总量由2025年提高0.04个百分点，转为2030年下降0.1个百分点，到2035年实际GDP下降0.37个百分点。此种情景下分别使新西兰、澳大利亚、欧盟和美国的GDP上升0.34、0.46、0.54和0.13个百分点。同时，乳制品整体关税水平下调对促进我国居民消费、

第五章
结论与启示

政府消费，社会福利和投资呈正向带动作用。贸易便利化程度提高50%使得2035年中国的GDP总量下降，中国社会福利达到19127.41亿美元，中国总进口、居民消费、政府消费等指标均出现不同程度的提高。奶业生产技术效率提高使得中国和主要奶类进口国的总进口出现不同程度的提高，同时中国和大部分国家和地区的社会福利提高。从模拟的结果来看，奶业生产技术效率提高15%使得中国社会福利从2025年的10188.36亿美元增长到2035年的19127.91亿美元，居民消费在2025—2035年呈现倒"U"形增长。

第三，就目前我国奶源供需情况来看，短期内进行一些极端的政策措施：如增加贸易壁垒（关税或非关税壁垒）、降低贸易便利化、增加通关手续和流程（降低通达效率）、加大对奶源生产端的科技投入，以提升生产效率，从而可以提升奶源自给率。但从长期来看，进行极端的政策刺激不会改变奶源自给率不升的趋势，多种政策组合干预模拟不能使我国奶源自给率达到目标自给率水平。关税的提高理论上可以抵御国外乳制品进口，提高奶源自给率，但模型中仅对有限的国家/地区进行政策冲击，包括澳大利亚、新西兰、美国和欧盟四大重要乳制品进口的来源国或地区，这些国家/地区有可能通过其他国家进行转口贸易进入我国，这是导致奶源自给率下降的可能原因。

（二）目标自给率的实现对生态环境负荷的结论

未来15年，随着我国奶类消费的不断增长，生态环境压力不断增大。如果按照70%的奶源目标自给率，我国的生态承载压力将十分巨大，具体包括以下三点。

第一，满足70%的目标自给率，我国居民奶类消费对各类用地的总体占用将从当前65.9%自给率下的0.61亿ghm^2增加到2035年的0.95亿ghm^2，增幅将达到55.7%，即到2035年需要0.95亿公顷的土地投入才能保证国内奶类供给。从不同土地类型来看，如果要实现70%的目标自给率，耕地、草地、林地三类虚拟土地占用将由2020年65.9%自给率下的0.10亿ghm^2、0.14亿ghm^2、0.37亿ghm^2，分别增长到2035年的0.16亿ghm^2、0.22亿ghm^2、0.58亿ghm^2，我国未来将面临更严峻的生态承载压力，尤其是对虚拟林地、草地的占用。

第二，保持现有自给率水平不变，到2025年、2030年和2035年，奶类消费的总水足迹分别为881.5亿m^3、1004.1亿m^3和1138.5亿m^3；若要实现70%的目标自给率，到2025年、2030年和2035年奶类消耗水足迹将分别增加至934.9亿m^3、1064.9亿m^3和1207.5亿m^3。在奶类生产技术效率不变及其他因素不变的条件下，自给率提高到70%将会导致更多的水资源消耗，额外新增耗水量将由2025年的52.1亿m^3增加至2030年的59.5亿m^3，到2035年将达到69.0亿m^3。

第五章
结论与启示

第三,从碳足迹来看,基于当前自给率水平,到2025年、2030年和2035年,奶类消费所产生的碳排放将分别达到577.5亿tCO_2、657.8亿tCO_2和745.9亿tCO_2,分别是2020年的1.1倍、1.3倍、1.5倍。若要达到70%的目标自给率,奶类消费碳排放量将由2020年的543.8亿tCO_2依次增加至2025年的612.5亿tCO_2、2030年的697.7亿tCO_2,到2035年后达到791.1亿tCO_2,分别比当前自给率下碳排放量增加35.0亿tCO_2、39.9亿tCO_2和45.2亿tCO_2,且新增额外碳排放量呈现不断扩大的趋势,这将会给我国畜牧业绿色转型带来巨大的减排压力。

二、政策启示与讨论

随着经济发展和居民收入水平的提高,我国奶类消费不断升级,未来奶类消费总量还将继续提高,为了满足居民奶类消费日益增长的需求,国内供给水平需要进一步提升。依据研究结论,贸易便利化程度、奶业生产技术效率的提高能够有效提升奶源自给率水平,但各种政策组合干预均难以达到70%的目标自给率;奶业政策不断开放,进口还会进一步扩大,要提升奶源自给率,需要付出更高的资源环境代价。通过上述研究,提出提高奶源自给率的三点政策,包括调整奶业产业结构,合理优化国内和国外两种市场,精准识别乳制品市场供需矛盾，将奶类供给结构与市场需求相匹配，形成以市场为导向的发展格局；通过调整奶业结构和延伸奶业价值链获得发展空间，提升奶源自给率；从奶业发达国家的发展经验来看，推动奶业高质量发展是增进国产奶消费、提升国内供给水平的有效策略。总体来讲，就是要稳定国内奶源供给能力，推动乳企竞争创新、质量与品质为先的机制，从根源上保障我国奶源目标自给率可靠、可控。具体研究结论给予的政策启示如下。

（一）弱化对自给率的盲目追求，推进建设高质量奶类供给体系

第一，加快推动产业升级，提高国产奶竞争力。推进建设更加高效、可持续的奶类供给体系，以满足消费者对奶类需求的增长以及实现农业生态可持续发展目标，并且以进口奶类产品为竞争动力，增强国产奶竞争优势。国内外大量研究表明，乳品越新鲜其营养越丰富，为应对进口液态奶的冲击和奶源自给率不断下降的困局，应在鲜活营养上塑造国产奶的优势。积极引导企业加快对乳制品生产新工艺、新技术的研发，在发展灭菌乳、巴氏杀菌乳等液态乳制品的同时，也要注重奶酪、乳清粉等干乳制品的发展，同时兼顾功能性乳粉、风味型乳粉生产，力图丰富消费者多样化的需求。首先，通过广泛宣传国产奶的优良品质，加强消费者对优质、

第五章
结论与启示

鲜活奶产品的认知，帮助消费者摒弃偏颇的认识和误区，扩大国产奶的消费。其次，针对消费没标准、产加销利益不协调等突出问题，建议实施科学引导消费，构建原料奶优质优价的市场环境：一是创建优质乳品标示制度，科学引导消费，明确品质评价方法与指标，规范加工工艺，确保为消费者提供营养丰富、安全可靠的优质乳品，引导行业高质量发展。二是推动奶牛养殖技术升级，提升原料奶质量和养殖户效益。三是按照原料—加工—产品全产业链流程，制定原料乳和乳制品国家标准，明确品质评价方法与指标，规范加工工艺，确保为消费者提供营养丰富、安全可靠的优质乳品。

第二，促进国内国际双循环，保障奶类有效供给。奶业作为畜牧业的重要组成部分，在推动畜牧业乃至农业发展，优化农业产业结构，改善城乡居民膳食结构，提高人民营养水平等方面均发挥了重要作用。因此，坚持奶业可持续发展，可以满足畜牧业结构调整、保障乳品安全、保障国民健康和实现农民增收的多方面需要。建议科学研判奶制品进口形势和贸易空间，建立与需求、贸易相匹配的生产目标。从国内居民奶类供需角度来看，当前我国居民膳食结构逐步优化、奶类需求明显增长，已经出现由常温乳品向低温鲜奶消费的结构性转变，因此必须逐步提高国内奶源的有效供给水平，合理调整奶类消费与供给平衡。在保障奶类进口来源安全的前提下，充分利用国际市场，这既有利于用相对较低的成本来满足国内不断增长的奶类消费，也有利于缓解生鲜乳生产给我国农业系统带来的巨大生态环境压力。

（二）持续在奶业生产技术效率方面发力，是提升我国奶源自给率的重要手段

依据GTAP模拟研究结论，奶业生产技术效率仍是提升我国奶类产品竞争力和奶源自给率的重要途径，为防止我国奶源自给率进一步下降，稳住当前供给水平并逐步提高国内供应，达到70%的目标自给率，上述研究结论给予的政策启示包括以下两点。

第一，促进奶业技术效率提升，走科技驱动的发展道路。受资源条件的限制，我国奶业竞争的提升只能依靠奶业技术效率的进步。具体来说，一是要创新饲草饲料种植和奶牛养殖方式方法，确保"产好奶"。充分利用进口奶牛种源，加大本土化改良，促进奶牛品种改良，培育国内优良奶牛品种，提升国产奶牛生产性能和养殖效益；建设种奶牛生产性能测定中心和遗传评估中心，进一步增强良种供种能力，强化遗传资源保护利用，保障我国奶牛良种数量和质量安全；加快选育适宜不同区域的苜蓿和燕麦等牧草品种，提升饲草料生产加工机械化、智能化水平；调整优化饲草料配方，加大青贮饲草品种研究力度，加强青贮玉米和苜蓿种植、收获、加工等技术的研究，探索并实现奶牛精准饲

第五章
结论与启示

养及管理。二是要创新乳品加工工艺和产品标准,确保"做好奶"。以提升国产奶竞争力为导向,大力发展巴氏鲜奶,挖掘提升国产奶品质优势;创新牛奶活性物质保持与加工技术,开发绿色低碳加工工艺与设备;开展牛奶营养特征物质研究,推动乳品质量全面提升,引导科学消费。三是研究提出奶制品与人体健康科学证据,确保"喝好奶"。根据我国人群遗传、体质及膳食结构特点,建立我国重点人群(儿童、老人及疾病人群)饮奶的中长期人群队列,开展奶及奶制品对人体健康功效及合理需求量研究,探究长期饮奶的健康机理,科学引导国人奶类消费。

第二,做好基于奶业产业发展规律的制度设计。具体而言,制度设计包括适度规模化、种养一体化和奶农组织化的制度设计,即做好适度规模化的各种支撑规制设计,做好种养一体化的土地支撑制度设计,做好"奶农组织化"的法规支撑制度设计。具体提出以下五点建议。

一是发展适度规模化养殖。借鉴发达国家经验,奶业发达国家的奶牛养殖规模化是家庭牧场的规模化。欧盟各国以及日本和韩国按成母牛计算,户均养殖规模都在100头以下,美国也只有200头左右。而我国在2008年后受"三聚氰胺"事件影响,大批的小规模养殖户,甚至是大部分中小规模牧场都被淘汰出局,取而代之的是大规模的工厂化养殖,而且这种发展势头至今仍有增无减。在此种商业化大牧场的发展势头下,奶源质量安全水平得到了显著提升,而且在设施设备、养殖技术和牧场管理等方面的现代化水平已进入世界先进行列。然而,在奶农增收、产业规模扩张、降低生产成本等方面都增加了很大难度。在发展奶业过程中,只有尊重发展规律,利用发展规律,我国的奶业才能实现长期持续稳定健康发展。

二是发展种养一体化。采取种养一体化的家庭牧场养殖模式是这些发达国家的普遍做法。发展种养一体化的家庭牧场就是一条低成本的发展路径,既可以节约劳动力成本和饲草饲料成本,又可以实现种植业和养殖业的良性循环,并节约粪污处理成本。我国的奶牛养殖,基本上采用的都是种养分离的养殖模式。种养分离养殖模式的主要缺点:粪污处理难度大、生产成本高、劳动力成本高、饲草饲料的交易成本高。所以,相比发达国家的低成本发展路径,我国的奶牛养殖业是在走高成本的发展路径。

三是以奶农合作社为主导的组织化模式。发达国家奶牛养殖业发展的实践证明,没有奶农(家庭牧场,下同)合作社作为支撑,任何一个家庭牧场都是无法独立生存的。这种奶农合作社是由基层合作社、区域合作社和全国合作社联盟3个层级构成的组织体系。无论是欧美国家的营销型奶农合作模式,还是日本的生产型奶农合作社模式,奶农的经济收益都得到了有效保障。而在我国,奶农合作社组织体系是严

第五章 结论与启示

重缺失的,其结果是造成奶农在牛奶定价方面没有话语权、加工环节获利方面没有分享权、在产业政策制定方面没有参与权。因此,发展奶农组织化在一定程度上可以改变我国奶农输在起跑线的困境。

四是引导产业政策设计向提供公共产品转变。目前我国对奶业的扶持政策大都不具有提供公共产品的属性,特别是有一些扶持政策还不是以补贴的形式发放。这就造成了不同养殖规模经营者之间的竞争不在同一起跑线上。因此,在扶持政策方面也要进行改革,要提供更多的公共产品,而且一定要向"适度规模化、种养一体化、奶农组织化"等方面大幅度倾斜。我国的公共政策应该保持长期稳定,要给生产者一个非常稳定的预期。

五是促进市场全面整合以释放国内消费动力。虽然我国奶业市场潜力巨大,但当前奶业市场的供给端已经形成了以伊利、蒙牛为主体的双寡头格局,区域性品牌更多是满足多元化供给,应该将乳制品市场需求与政府引导相结合,精准匹配乳制品需求与供给,满足城乡居民的乳制品消费多元化需求。建立本土奶制品分类与标准体系,促进乳制品多种市场整合,结合国家交通强国战略,加强乳制品全程冷链闭环的现代流通体系建设,促进高品质生鲜乳、低温鲜奶等乳制品在大、中、小城市及乡镇地区的有效供给,形成国内乡镇一级生鲜乳市场销售的快速通道,以促进国内乳制品市场均等化。同时，还要加强市场监督，提振消费信心，以提升国内乳制品消费的动力，最终形成以质量安全为主的全产业链体系，做到自主可控，这在一定程度上可以保障奶源自给率。

（三）加强乳制品价格与贸易监测，制定自给率预警机制

虽然国际市场可以提供具有价格优势的乳制品，满足日益增长的奶类消费需求并极大地缓解国内奶类供给的压力，但为了应对国际市场的不确定风险和价格波动，提高我国奶源的供给能力，保障奶业产业安全，我们不仅要加强乳制品价格与贸易监测，制定自给率警示指标，同时也要建立国产乳制品价格监测体系，避免盲目追求高价及进口乳制品，具体建议如下。

第一，加强乳制品价格与贸易监测，制定自给率警示指标。一是立足国内资源条件、重点人群营养健康需求、国际调剂空间，合理确定我国奶业安全底线目标，确保国内乳制品供给数量充足和市场稳定。二是及时跟踪国际贸易及国内产业发展变化，避免国内乳制品新增需求被进口产品过度挤占，对过度进口启动贸易措施，控制进口规模和节奏。三是跟踪主要进口国奶类生产成本变化，一旦出现国外乳制品倾销行为，即实施反倾销、反补贴贸易措施。四是通过建立乳制品储备制度，增强政府对市场波动的调节能力，

同时要加强乳制品贸易监测，将奶源自给率作为一种警示指标，通过结合乳品价格的快速变动，确定储备调节机制启动的"触发器"。

第二，建立国产奶价格监测体系，避免盲目追求高价及进口乳制品。一是加强对乳制品价格的监管，建立价格监测体系，通过合理化乳品价格增强消费者对国产乳制品的消费信心与忠诚度，通过价格干预实现对居民乳制品消费结构的调整及改善。同时，建议对乳制品进行分级管理，实行优质优价原则，缓解国内乳制品价格高对进口产品替代增强的问题。我国奶业纵向产业链中，养殖加工销售环节利润比为1∶3.5∶5.5、投资比为7.5∶1.5∶1，属于重资产投入、轻利润回报，建立我国乳制品定价体系及监测预警体系也有利于平衡奶业各个主体的利益，实现奶业产业链可持续发展。二是推进乳品营养价值普及，避免盲目选择乳制品，回归牛奶鲜活本色，避免过度追求进口奶及高价奶推高终端乳制品价格。增强乳制品消费引导，在全国范围内重点推进"天然活性营养"乳品价值的知识普及，倡导科学选择乳制品，避免好奶高价的盲目选择理念与非理性消费模式。规范乳品市场竞争行为及广告宣传，避免放大乳制品"非优即次"的消费心理，倡导合理消费国产奶。

（四）夯实国产奶及奶制品质量安全，加强奶类消费引导

通过上述研究得出了三点引导奶业发展的政策建议，虽然不能直接得到关于提升居民奶类消费的相关结论，但本书认为，夯实国产奶及奶制品质量安全、提升国产奶消费信心能够有效提升国产奶消费比重，对防止奶源自给率进一步下跌具有积极作用。因此，本书最后从加强国产奶类消费引导、积极扩大奶类消费角度，提出促进奶类消费的如下建议。

第一，加强生鲜乳质量安全监管，确保乳品质量安全底线。乳品质量安全始终是奶业的"生命线"，要始终在强监管上不放松，坚决杜绝"三聚氰胺"类似事件的再次发生。国家市场监督管理总局公布的数据显示，2019年国家食品安全监督抽检乳制品中，合格比例达99.8%，其中合格产品与不合格产品分别为7.24万批次与0.02万批次，奶制品合格率高于食品合格率平均水平且是抽检合格率最高的一类食品，奶制品合格率连续5年在99%以上（王加启，2020）。尽管我国生鲜乳质量安全目前已处于历史最高水平，但消费者对于国产乳制品的安全问题还有很多焦虑和关切，消费者对国产乳缺乏信心的消费心理仍在延续。研究表明，居民对乳制品质量安全的信任偏低，对国产乳制品安全性仍存有疑虑，消费者愿意为优质乳制品和经过安全认证乳制品支付比

第五章
结论与启示

普通乳品高14.8%和29.0%的价格。当前液态奶进口价格总体低于国内市场价格，但仍有少部分高价液态奶进口到国内，说明国内一部分消费者仍在追捧进口液态奶。奶业发达国家高度重视乳制品质量安全，澳大利亚作为奶业生产和出口大国，拥有贝拉米婴幼儿奶粉等享誉世界的知名品牌，这主要得益于其严格的质量控制。在确保质量安全的基础上，发达国家也对奶制品进行分级分类管理，政府部门制定产品质量分级标准体系，开展相关服务。针对此情况，提出如下建议。

一是加强乳制品全链条生产管控。落实乳企为奶制品质量安全的第一责任人，在奶牛养殖过程中，对饲料和兽药等投入品的使用实行严格的监管，同时对乳品质量安全实施监测，对乳品质量安全风险评估制度进行完善，要做到及时发现并消除风险隐患。通过对奶牛养殖场、生鲜乳收购站、运输车3个重点环节监管，着力构建严密的全产业链质量安全监管体系。二是打造奶业诚信体系。鼓励乳企开展质量安全方面的文化建设，建设诚信活动与诚信文化，由此在消费者心中建立起乳企的诚信档案；同时，要在乳企之间建立共享信用和信息的机制，对于"黑名单"乳品企业实行市场退出机制，由此加强社会舆论监督；增强中国奶业的影响力，以优质品牌树立消费信心，提振消费者对国产乳品的信心。三是构建权威国产乳品质量安全与营养等信息在线查询平台，大幅提高消费者对国产乳品质量安全与营养数据信息的知晓率和利用率。四是以优质安全、提质增效、绿色发展为目标，加快转变奶业生产方式，提升奶业发展质量。

第二，加强牛奶营养科普宣传，提升牛奶营养健康认知。2020年人均每日奶类消费量为105.8克（折原奶计），仅相当于卫健委每日300克推荐量的35.3%，与营养需求差距还很大。根据农业农村部食物与营养发展研究所动物食物与营养政策中心在新冠肺炎疫情期间的1068份调研数据发现：如果提高对乳品营养价值的认知，60%以上的消费者会增加牛奶消费。建议利用新冠肺炎疫情期间居民营养健康意识较高这个有利时机，加强奶类营养与健康知识科普，提高居民对乳品营养价值的认知，普及乳制品营养知识，指导公众科学选择乳制品，倡导科学饮奶，培育国民多途径、多形式消费乳制品的习惯。定期公开乳制品质量安全抽检监测信息，积极利用现代媒介手段，多渠道动态发布生鲜乳质量、乳品抽检检验结果等相关信息和数据，提高消费者对生鲜乳质量抽检信息获取渠道的多样性与便利性。改进传统以文字性政策解读的单一手段，尽量使用公众易于接受的方式及时、透明发布乳品质量安全信息，提高消费者对国产乳品质量安全信息的了解和关注度，提升乳品认知水平。

第三，推动由"喝奶"向"吃奶"转变，引导消费升级。从乳制品消费结构来看，全球尤其是欧美国家/地区以干

第五章 结论与启示

乳制品消费为主，液态奶占比较小。2018年，全球、美国、欧盟、日本液态奶消费占比分别为28.8%、29.1%、24.6%、55.5%[①]，发达国家液态奶和干乳制品的消费比例约为3∶7，而我国却恰恰相反。亚洲典型国家和地区以液态奶消费为主，干乳制品消费占比低。与日本、韩国、土耳其等国相比，近3年我国液态奶占比仍居于高位，以奶酪为主的干乳制品消费远低于其他国家。从内部消费结构来看，我国乳制品低温乳制品少、常温乳制品多。据尼尔森数据显示，2019年我国低温乳制品消费占26%，其中巴氏杀菌乳的消费占比仅为4%，常温乳制品消费占比高达74%。中国人通常有不喜欢吃冷食的饮食特点，并且没有奶酪等干乳制品消费的习惯，乳制品消费方式还没有从"喝奶"转向"吃奶"，仍然需要长期培育并加强消费引导。消费不足、结构不合理已成为奶业振兴的突出短板，引导行业高质量发展必须从消费环节入手，运用"营养指导消费、消费引导生产"的产业调控理念，通过健康科学消费行为塑造带动产业发展。提升乳品消费数量，要着力优化消费结构，解决液态奶多、干乳制品少的问题，积极引导百姓由"喝奶"向"吃奶"转变，鼓励低温鲜奶和奶酪消费。具体建议如下。

一是多渠道普及奶酪营养价值，提高居民接受程度。培

[①] 全球、美国、欧盟及日本数据来源于国际乳品联合会（IDF）*The World Dairy Situation 2019*。

育奶酪等干乳制品新的增长点，注重奶类品种创新，开发中国消费者易于接受的奶酪、黄油等干乳制品；满足各阶层、各年龄段消费者不同的消费需求。企业、中国奶业协会、中国乳品工业协会等通过多种媒体宣传和包装向消费者宣传奶酪的营养价值，转变其对奶酪的看法。二是增加学生奶产品种类，从小培育奶酪消费习惯。分析结果表明，越早养成饮用乳品的习惯，参与奶酪消费的可能性越高。因此从娃娃抓起，从小培养喝奶、吃奶习惯，在现有学生奶采用高温灭菌乳品种的基础上，考虑学生营养改善实际需求，将干酪加入学生饮用奶产品种类，科学、合理和稳妥地扩大覆盖面。开发儿童奶酪零食[①]，注重奶酪零食的方便性、营养性。三是积极发展中国特色的奶豆腐等干乳制品，丰富消费者的选择。鼓励民族乳制品特色化发展，全国奶业主产区可依托地处黄金奶源带优势，积极发展中国特色的奶豆腐等干乳制品，生产具有不同风味的特色奶酪等高端乳制品，丰富消费者的选择。支持牧区开办民族特色乳制品工厂化生产试点，从政策和制度层面上对民族特色和民族传统乳制品生产提供依据和规范。同时，建议设立专项资金，减免营业税、进口设备关税政策，加快奶酪行业发展。

---

① 2020年5月，中国副食流通协会发布的《儿童零食通用要求》里首次提出"儿童零食"的定义，即区别于普通零食，儿童零食指适合3~12岁儿童食用的零食，标准指出奶及奶制品作为可经常食用的首选零食。

第四，扩大"学生奶"计划覆盖范围，从小培养饮奶习惯。据IDF学生奶年报，全球有70多个国家实施"学生奶"计划，平均覆盖率为58.6%，绝大多数都有政府补贴，在促进儿童饮奶、改善儿童健康方面发挥了重要作用。据中国奶业协会统计，2019年我国"学生奶"计划覆盖率为17%，基本为市场化运行，个别地区出台了补贴政策，覆盖人群比较有限。借鉴国际经验，建议进一步完善"学生奶"计划：一是扩大"学生奶"覆盖人群，确保农村低收入地区全覆盖，明确将学生奶纳入学生营养餐，同时将幼儿园低龄人口纳入"学生奶"覆盖范围。二是加大"学生奶"推广力度，由市场化运行改为半补贴式，力争5年内"学生饮用奶"覆盖率提升至50%，从小培养科学饮奶习惯。

三、不足与研究展望

从微观层面出发，我国居民奶类消费现状及结构是预测未来我国奶类需求总量的依据，值得讨论的是，本书有两个重要因素将直接影响研究的预测结果。一是缺乏农村居民奶类消费数据，研究所运用的第一手数据是基于经济比较发达城市的调研数据，没有覆盖广大的农村地区，这将显著高估中国居民的奶类消费水平，导致预测值高于实际值，需要在今后的研究中补充完善农村居民奶类消费调研；二是奶类消费结构细分不足。受数据所限，本书缺乏对新型奶类消费的宏观统计数据，受收入增加、奶类产品种类丰富等因素的影响，不同奶类产品间存在替代效应，居民的奶类消费结构正在由传统型向奶酪和黄油等干乳制品转变，如果未来居民继续增加干乳制品消费，这意味着未来实际奶类需求量会高于预测值。因此，对我国居民奶类的消费结构及需求预测要同步考虑未来城乡居民食物消费营养转型，有待于进一步完善研究。

我国奶源自给率对于国民消费本土化乳制品、保障奶业产业安全意义重大。本书详细探讨了提升我国奶源自给率的有效途径，包括提升贸易便利化程度、提高奶业生产技术效率，并在此基础上进一步考察了是否存在实现奶源目标自给率的路径，但通过多种不同组合的模拟政策，奶源自给率依然达不到70%的目标水平。

本书在探讨提升奶源自给率的过程中，虽然分析了对国家宏观指标的影响，但对其他各农业部门的影响程度没有进行深入分析。而且，由于GTAP模型的数据为价值量，因此在进行自给率测算时只能使用价值量的比值来衡量，这可能导致测算出来的自给率与现实自给率存在一些偏差。在后续研究过程中，要尽可能地剔除价值量的价格影响，使得测算结果更加趋于政策冲击的真实值。上述问题值得未来深入研究，为进一步完善奶源自给率保障政策提供更具意义的启示。

引用和参考文献

[1] Lankveld J. M., "Quality G. Safety and value optimization of the milk supply chain in rapidity evolving central and eastern European markets", *Leerstoelgroep Productontwerpen en Kwaliteitskunde*, 2004.

[2] Noordhuizen J., Metz H. M., "Quality control on dairy farms with emphasis on public health, food safety", *Animal Health and Welfare*, 2005, 59(2).

[3] Dornom H., Goode P., Astin A., "Safe dairy food-the benefits to future markets for industry", *Australian Journal of Dairy Technology*, 2007, 62(2).

[4] Papademas P., Bintsis T., "Food safety management systems (FSMS) in the dairy industry: A review", *International Journal of Dairy Technology*, 2010, 63(4).

[5] Karaman A. D., Cobanoglu F., Tunalioglu R., "Barriers and benefits of the implementation of food safety management

systems among the Turkish dairy industry: A case study", *Food Control*, 2012, 25(2).

[6] Grunert K.G., Bech-Larsen T., Bredahl L., "Three issues in consumer quality perception and acceptance of dairy products", *International Dairy Journal*, 2000, 10(8).

[7] Knutson R. D., Currier R. W., Ribera L. A., "Asymmetry in raw milk safety perceptions and information: Implications for risk in fresh produce marketing and policy", 2010.

[8] Latorre A. A., Pradhan A. K., Van Kessel J. A. S., "Quantitative risk assessment of listeriotic due to consumption of raw milk", *Journal of Food Protection*, 2011, 74(8).

[9] Giacometti F., Bonilauri P., Albonetti S., "Quantitative risk assessment of human salmonellosis and listeriotic related to the consumption of raw milk in Italy", *Journal of Food Protection*, 2015, 78(1).

[10] Crotta M., Paterlini F., Rizzi R., "Consumers' behavior in quantitative microbial risk assessment for pathogens in raw milk: Incorporation of the likelihood of consumption as a function of storage time and temperature", *Journal of Dairy Science*, 2016, 99(2).

[11] Peng T., Cox T. L., "An economic analysis of the impacts of trade liberalization on Asian dairy market", *Food Policy*,

2006, 31(3).

[12] Wang Q., Parsons R., Zhang G., "China's dairy markets: Trends, disparities, and implications for trade", *China Agricultural Economic Review*, 2010, 2(3).

[13] Siriwardana M., Yang J., "GTAP model analysis of the economic effects of an Australia–China FTA: Welfare and sectoral aspects", *Global Economic Review*, 2008, 37(3).

[14] Yu W., Cheng G., Yang J., "Impact of Sino-Australia free trade Agreement's talks on China's dairy industry", *Agriculture and Agricultural Science Procedia*, 2010, (1).

[15] Heller M. C., Keoloeian G. A., "Assessing the sustainability of the US food system: A life cycle perspective", *Agricultural Systems*, 2003, (3).

[16] Tilman D., Clark M., "Global diets link environmental sustainability and human health", *Nature*, 2014, (7528).

[17] Berners-Lee M., Hoolohan C., Cammack H., "The relative greenhouse gas impacts of realistic dietary choices", *Energy Policy*, 2012, (43).

[18] Lu Y. L., Jenkins A., Ferrier R C., "Addressing China's grand challenge of achieving food security while ensuring environmental sustainability", *Science Advances*, 2015, (1).

[19] Lee H., Owen R.F., Van der Mensbrugghe D., "Regional

integration in Asia and its effects on the EU and North America", *Journal of Asia Economics*, 2009, (3).

[20] Simmons C., Lewis K., Barrett J., "Two feet-two approaches: A component-based model of ecological footprinting", *Ecological Economics*, 2000, (3).

[21] 杨祯妮、肖湘怡、程广燕：《基于6座典型城市3000个消费者奶类消费调研——我国奶类消费结构及趋势分析》，《中国乳业》2019年第9期。

[22] 刘长全：《中国奶业竞争力国际比较及发展思路》，《中国农村经济》2018年第7期。

[23] ［荷兰］格瑞特·史密特：《现代乳品加工与质量控制》，任发政、韩北忠、罗永康等译，中国农业大学出版社2006年版。

[24] 段成立：《我国原奶及乳制品质量安全管理研究》，中国农业科学院2005年硕士学位论文。

[25] 王喜梅：《影响乳品质量的因素分析及控制方法》，《中国乳品工业》2007年第3期。

[26] 任燕、安玉发：《"三鹿问题奶粉事件"对中国食品安全监管机制的启示》，《世界农业》2008年第12期。

[27] 柏宇光：《乳品质量安全的影响因素及对策分析》，《现代畜牧兽医》2010年第11期。

[28] 钟真：《生产组织方式、市场交易类型与生鲜乳质量安

全——基于全面质量安全观的实证分析》,《农业技术经济》2011年第1期。

[29] 李翠霞、刘真真:《黑龙江省奶农生产行为分析》,《农业经济与管理》2012年第3期。

[30] 李翠霞、姜冰:《情景与品质视角下的乳制品质量安全信任评价——基于12个省份消费者乳制品消费调研数据》,《农业经济问题》2015年第3期。

[31] 任发政、罗洁、郭慧媛:《中国乳制品安全现状与产业发展解析》,《中国食品学报》2016年第6期。

[32] 林艳辉:《我国乳制品行业现状分析及对策研究——基于2013年"洋乳品"危机事件》,《中国畜牧杂志》2014年第6期。

[33] 王雅琪:《基于AHP乳制品供应链透明度研究》,《中国储运》2019年第10期。

[34] 董晓霞、李志强:《中国奶制品市场形势分析及未来10年展望》,《农业展望》2014年第9期。

[35] 宋昆冈:《中国乳业的产业升级与改造》,《食品安全导刊》2019年第28期。

[36] 李胜利:《全球原奶市场概况及中国乳品市场发展趋势》,《中国乳业》2015年第7期。

[37] 刘艺卓:《基于恒定市场份额模型对我国乳品进口的分析》,《对外经济贸易大学学报》2009年第4期。

[38] 于海龙、李秉龙：《我国乳制品的国际竞争力及影响因素分析》，《国际贸易问题》2011年第10期。

[39] 彭虹：《中国乳制品进口贸易现状及政策优化分析》，《华南理工大学学报》2019年第1期。

[40] 刘鸿雁：《贸易自由化进程中的中国奶制品贸易研究》，中国农业科学院2007年博士学位论文。

[41] 刘李峰：《中国—澳大利亚奶制品贸易的格局、特征及融合》，《中国奶牛》2006年第5期。

[42] 李碧芳、肖辉：《中澳自由贸易区对中国农产品出口的影响分析》，《江苏农业科学》2010年第3期。

[43] 李慧燕、魏秀芬：《中澳自由贸易区的建立对中国乳品进口贸易的影响研究》，《国际贸易问题》2011年第11期。

[44] 刘艺卓：《中新和中澳自贸协定对中国乳业的影响》，《中国畜牧业》2015年第21期。

[45] 周曙东、胡冰川、吴强、崔奇峰：《中国—东盟自由贸易区的建立对区域农产品贸易的动态影响分析》，《管理世界》2006年第10期。

[46] 彭秀芬：《中国—新西兰自由贸易区建设对我国乳业发展的影响》，《国际贸易问题》2009年第1期。

[47] 王莉、沈贵银、刘慧：《中澳自贸区的建立对中国奶业发展的影响研究》，《农业经济问题》2012年第9期。

[48] 郭婷：《中澳自贸区建立对中国乳品进口的影响研

究》，内蒙古农业大学2013年博士学位论文。

[49] 赵臣臣：《中澳自贸区对中国乳品贸易的影响研究——基于乳品产业链视角》，北京理工大学2016年博士学位论文。

[50] 胡冰川、董晓霞：《乳品进口冲击与中国乳业安全的策略选择——兼论国内农业安全网的贸易条件》，《农业经济问题》2016年第1期。

[51] 刘成果：《我国奶业发展与环境保护——在"奶业与生态环境国际论坛"上的讲话》，《中国奶牛》2005年第6期。

[52] 郎宇、王桂霞、吴佩蓉：《我国奶业发展的困境及对策》，《黑龙江畜牧兽医》2020年第4期。

[53] 张少春、闵师、马瑞：《城市化、食物消费转型及其生态环境影响》，《城市发展研究》2018年第3期。

[54] 曹淑艳、谢高地、陈文辉、郭红：《中国主要农产品生产的生态足迹研究》，《自然资源学报》2014年第8期。

[55] 王晓、齐晔：《我国饮食结构变化对农业温室气体排放的影响》，《中国环境科学》2013年第10期。

[56] 林永钦、齐维孩、祝琴：《基于生态足迹的中国可持续食物消费模式》，《自然资源学报》2019年第2期。

[57] 中国价格信息网：《牛奶价格》，http://www.chinaprice.com.cn/，2022-02-26。

[58] 杨祯妮、王加启、马广旭、程广燕：《疫情下乳制品需求旺盛，低温鲜奶市场蓬勃发展》，《中国乳业》2021年第7期。

[59] 周玲玲、张恪渝：《贸易自由化能否促进居民食物消费结构升级——基于GTAP模型的模拟研究》，《国际贸易问题》2020年第5期。

[60] 刘宇、吕郢康、刘莹：《时间成本视角下RCEP对中国的经济影响——基于GTAP模型的测算》，《系统工程理论与实践》2017年第11期。

[61] 佟家栋、李延庆：《贸易政策透明度与贸易便利化影响——基于可计算一般均衡模型的分析》，《南开经济研究》2014年第4期。

[62] 许世卫：《中国奶业消费特征与消费量预测》，《中国食物与营养》2009年第12期。

[63] 杨祯妮、周琳、程广燕：《我国奶类消费特征及中长期趋势预测》，《中国畜牧杂志》2016年第52期。

[64] 程长林、任爱胜、陈林：《基于Panel Data模型对我国城乡乳制品消费差异与空间差异的分析》，《中国畜牧杂志》2016年第12期。

[65] 王祖力、王济民：《我国畜产品消费变动特征与未来需求预测》，《农业展望》2011年第8期。

[66] 胡冰川：《2016年中国奶业发展:述要与展望》，《中国

奶牛》2017年第3期。

[67] 张少春、闵师、马瑞：《城市化、食物消费转型及其生态环境影响》，《城市发展研究》2018年第3期。

[68] 陈冬冬、高旺盛：《近30年来中国农村居民食物消费的生态足迹分析》，《中国农业科学》2010年第8期。

[69] 张丹、成升魁、高利伟等：《城市餐饮业食物浪费碳足迹——以北京市为例》，《生态学报》2016年第18期。

[70] 王效琴、梁东丽、王旭东等：《运用生命周期评价方法评估奶牛养殖系统温室气体排放量》，《农业工程学报》2012年第13期。

[71] 吴燕、王效科、逯非：《北京市居民食物消耗生态足迹和水足迹》，《资源科学》2011年第6期。

[72] 朱兵、赵容萱：《英国乳业可持续发展的经验》，《世界农业》2014年第3期。

[73] 尚海洋、宋妮妮：《碳足迹与水足迹的概念、研究方法和应对政策比较》，《水资源保护》2018年第2期。

[74] 许菲、白军飞、张彩萍：《中国城市居民肉类消费及其对水资源的影响——基于一致的Two-step QUAIDS模型研究》，《农业技术经济》2018年第8期。

[75] 何开为、张代青、侯璐、李志勇：《云南省城乡居民膳食消费的水足迹计算及评价》，《水资源保护》2015年第5期。

[76] 吴燕、王效科、逯非：《北京市居民食物消费碳足迹》，《生态学报》2012年第5期。

[77] 刘玉明：《我国水资源现状及高效节水型农业发展对策》，《农业科技与信息》2020年第16期。

[78] 王加启：《中国奶产品质量安全研究报告（2021年）》，中国农业大学出版社2021年版。

[79] 安玉发、彭科、包娟：《居民食品消费碳排放测算及其因素分解研究》，《农业技术经济》2014年第3期。

[80] 曹淑艳、谢高地：《城镇居民食物消费的生态足迹及生态文明程度评价》，《自然资源学报》2016年第7期。

[81] 陈志鸿、李扬：《中国分区域城镇居民福利水平测度》，《财经研究》2018年第10期。

[82] 方恺：《足迹家族：概念、类型、理论框架与整合模式》，《生态学报》2015年第6期。

[83] 中华人民共和国中央人民政府：《关于推进奶业振兴保障乳品质量安全的意见》，http://www.gov.cn/zhengce/content/ 2018-06/11/content_5297839.htm, 2018-06-11。

[84] 高巍、张建杰、张艳舫等：《中国奶业全产业链绿色发展指标的时空变化特征》，《中国生态农业学报》2020年第8期。

[85] 国家统计局：《奶类产量》，http://www.stats.gov.cn/，2019-05-12。

[86] 黄季焜：《四十年中国农业发展改革和未来政策选择》，《农业技术经济》2018年第3期。

[87] 黄凯、王梓元、杨顺顺、金晨：《水足迹的理论、核算方法及其应用进展》，《水利水电科技进展》2013年第4期。

[88] 李孟娇、董晓霞、郭江鹏：《美国奶牛规模化养殖的环境政策与粪污处理模式》，《生态经济》2014年第7期。

[89] 李意德、吴仲民、周铁烽：《中国热带天然林变迁对大气CO_2的影响及经济损益评估》，《生态科学》1999年第2期。

[90] 李玉炫、王俊能、许振成、张志军：《广州食物氮足迹估算与分析》，《广东农业科学》2012年第6期。

[91] 刘长全、姚梅、刘玉满：《从液态奶零售企业数据看我国奶业近年来发展态势》，《中国奶牛》2013年第8期。

[92] 农业农村部市场预警专家委员会：《中国农业展望报告（2019—2028）》，中国农业科学技术出版社2019年版。

[93] 田志云：《农业水资源现状与节约利用探讨》，《水利科技与经济》2020年第7期。

[94] 王惠惠、刘芳、王琛、郭江鹏：《中新、中澳自由贸易区对中国奶业的影响研究》，《世界农业》2016年第8期。

[95] 王灵恩、成升魁、钟林生等：《旅游城市餐饮业食物消费及其资源环境成本定量核算——以拉萨市为例》，《自然资源学报》2016年第2期。

[96] 王效琴、梁东丽、王旭东等：《运用生命周期评价方法评估奶牛养殖系统温室气体排放量》，《农业工程学报》2021年第13期。

[97] 王雅琪：《基于AHP乳制品供应链透明度研究》，《中国储运》2019年第10期。

[98] 中华人民共和国中央人民政府：《五部委印发〈全国奶业发展规划（2016—2020年）〉》，http://www.gov.cn/xinwen/2017-01/09/content_5158300.htm，2017-01-11。

[99] 冼超凡、欧阳志云：《城乡居民食物氮足迹估算及其动态分析——以北京市为例》，《生态学报》2016年第8期。

[100] 杨怀谷、郑楠、王加启：《巴氏杀菌乳和超高温灭菌乳营养价值及卫生安全对比研究》，《中国乳业》2016年第7期。

[101] 翟柱玉、娄峰、李富强、赵娜：《中美贸易摩擦加剧后的政策模拟研究——基于动态GTAP模型》，《数量经济研究》2020年第11期。

[102] 赵先贵、马彩虹、肖玲、胡攀飞：《北京市碳足迹与碳承载力的动态研究》，《干旱区资源与环境》2013年第10期。

[103] 郑晖、石培基、何娟娟：《甘肃省生态足迹与生态承载力动态分析》，《干旱区资源与环境》2013年第10期。